ENCONTRANDO A LIBERDADE

A HISTÓRIA DO HOMEM QUE FOI CONDENADO À MORTE E, MESMO PRESO HÁ MAIS DE 30 ANOS, SE TORNOU UM MESTRE BUDISTA

JARVIS JAY MASTERS

ENCONTRANDO A LIBERDADE

A HISTÓRIA DO HOMEM QUE FOI CONDENADO À MORTE E, MESMO PRESO HÁ MAIS DE 30 ANOS, SE TORNOU UM MESTRE BUDISTA

Tradução de Marina Vargas

Finding Freedom © Jarvis Masters 1997, 2020
© 2020 Casa dos Mundos / LeYa Brasil
Título original: Finding Freedom: How Death Row Broke and Opened My Heart

Todos os direitos reservados e protegidos pela Lei 9.610, de 19.02.1998.
É proibida a reprodução total ou parcial sem a expressa anuência da editora.

Editora executiva
Izabel Aleixo

Produção editorial
Carolina Vaz

Revisão
Clara Diament

Diagramação e projeto gráfico
Filigrana

Capa
Kelson Spalato

Crédito de capa
© David Kuko

Impressão
Maistype

Dados Internacionais de Catalogação na Publicação (CIP)
Angélica Ilacqua CRB-8/7057

Masters, Jarvis Jay, 1962-
      Encontrando a liberdade: a história do homem que foi condenado à morte e, mesmo preso há mais de 30 anos, se tornou um mestre budista / Jarvis Jay Masters; tradução de Marina Vargas. – São Paulo: LeYa, 2020.
      192 p.

Título original: Finding Freedom: How Death Row Broke and Opened My Heart
ISBN 978-65-5643-019-5

1. Prisioneiros – Autobiografia 2. Masters, Jarvis Jay, 1962- – Autobiografia 3. Budismo 4. Ética 5. Corredor da morte I. Título

20-2644   CDD 920.936466

Índices para catálogo sistemático:
1. Prisioneiros - Autobiografia

LeYa é um selo editorial da empresa Casa dos Mundos.

Todos os direitos reservados à
CASA DOS MUNDOS PRODUÇÃO EDITORIAL E GAMES LTDA.
Rua Avanhandava, 133 | Cj. 21 – Bela Vista
01306-001 – São Paulo – SP
www.leya.com.br

Para minha mãe, Cynthia,
minha irmã, Charlene, e meu irmão, Tommy,
que faleceram durante meus anos no corredor
da morte da prisão de San Quentin —
e para todos os seres sencientes.
Que eles encontrem a liberdade.

SUMÁRIO

Nota do autor à edição brasileira 11
Prefácio de Pema Chödrön 14
Introdução de Melody Ermachild Chavis 16
Nota do autor à primeira edição 24

PARTE I: SANTUÁRIO

Santuário 27
Ratos 31
O pequeno pardal negro 33
O desejo de Pablo 37
O homem que fala sozinho 42
Uma razão para viver 46
Malucos 55
Treze sessenta e oito 66
A visita ao ninho de amor 69
É curioso como o tempo voa 74

PARTE II: EXERCÍCIO DE LUTO

Receita de aguardente da prisão..81

Quando fui condenado pela primeira vez..83

Cicatrizes...85

Minhas irmãs e eu..90

Minha mãe morreu..93

Exercício de luto..94

Sonho...99

Volto as mãos para o céu..102

O juiz Marshall se aposenta 103

Bryan 106

Ficou muito difícil 112

O.J. 114

Num sonho recorrente..119

PARTE III: ENCONTRANDO A LIBERDADE

As estrelas cintilantes da noite..123

Durante um bom tempo..124

Em busca de silêncio 127

O boné do Dalai Lama 130

A violência em San Quentin...132

A cerimônia de empoderamento 133

Compreender a impermanência 140

Rostos raivosos 142

Maxismo..145

Joe Bob 147

Todas as noites 150

Cordão de oração de comprimidos de Tylenol...................................151

Não consigo mais viver sem a meditação 154

Pacifista 156

Na semana passada, eu estava caminhando ao longo da cerca 161

Quatro de Julho 163

Parem! Tem um budista aqui! 172

Sobre a questão do tempo 177

Deixe que seja real 178

Epílogo 183

Posfácio de H.E. Chagdud Tulku Rinpoche 185

Agradecimentos 188

Sobre o autor 190

NOTA DO AUTOR À EDIÇÃO BRASILEIRA

Saudações aos meus irmãos e irmãs brasileiros,

Quando fui convidado para escrever uma reflexão para a edição brasileira de *Encontrando a liberdade*, fiquei imaginando o Brasil, um belo país distante, com a sua imensa floresta Amazônica, cheia de animais silvestres. Fiquei imaginando suas ruas tomadas por cores vivas durante o Carnaval e ouvindo os gritos dos torcedores de futebol em seus estádios imensos. Imaginei uma sociedade rica em história, diversidade e cheia de promessas, mas também de muitas lutas. Sei que a vida dos jovens – especialmente os mais pobres, nas favelas – pode ser difícil e perigosa, e com isso sou levado de volta à realidade de que nosso sofrimento e nossa humanidade são universais.

Quando acordamos de manhã, nenhum de nós, independentemente de cor, raça, gênero e posição social, tem certeza de que vai voltar para casa à noite. E quando tomamos consciência da fragilidade da nossa vida, precisamos fazer um bom uso dela agora. Quaisquer que sejam as circunstâncias em que nos encontramos, nossa vida pode ser significativa quando escolhemos nos tornar uma força para o bem. Todos nós importamos, mesmo que as probabilidades estejam contra nós.

Já se passaram mais de vinte anos desde que este livro foi publicado pela primeira vez. Onde é que eu estaria se nunca tivesse sido levado para a Prisão Estadual de San Quentin, na Califórnia, onde escrevi este livro? Essa é uma resposta fácil: eu estaria morto. Eu teria desperdiçado minha vida logo nos primeiros anos – muito provavelmente por toda a violência que me cercava, pelos amigos que achava que queria ter e que tinha que ter. Não tínhamos casa para voltar e nos reuníamos na área de recreação de uma associação para jovens, e, quando entrávamos nas unidades correcionais para menores infratores, tatuávamos nosso corpo com o símbolo das gangues como os garotos mais velhos faziam. Então, um dia – se chegássemos tão longe – seríamos escoltados em fila única, marcados pelas algemas na nossa cintura e pelas bolas de ferro nas nossas pernas, para as celas destinadas aos prisioneiros de alta periculosidade nas abomináveis unidades habitacionais das alas norte e sul de San Quentin.

É uma sorte estar vivo e ter me tornado budista praticante, porque vi essas portas transformarem muitos corações.

Fui abençoado por receber milhares de cartas de muitas pessoas que continuam a me inspirar – estudantes de escola e de universidades, filhos e filhas de agentes penitenciários, detentos que ainda estão presos ou ex-detentos que ainda estão em liberdade. Todos eles me diziam a mesma coisa: "Se você pôde fazer isso num lugar como San Quentin, eu também posso". Ao longo dos anos, essas pessoas me deram alegrias e lágrimas – uma afirmação da minha confessada humanidade em tempos de depressão e desespero.

Ser injustamente condenado por conspiração para matar um guarda é desanimador, mas é mais fácil do que viver com a dor de ter tirado a vida de outro ser humano. Muitas pessoas me perguntaram por que não falei sobre o que me levou ao corredor da morte na primeira edição deste livro. Naquela época, eu estava simplesmente tentando sobreviver a este lugar.

Encontrar algum chão debaixo dos meus pés. Confio que a verdade da minha inocência encontrará o seu caminho.

Espero que *Encontrando a liberdade* nos ajude a achar o melhor em nós mesmos, não importa quem sejamos, em que país tenhamos nascido, que língua falemos. Desejo de todo o meu coração que este livro continue a beneficiar todos os seres.

Muito obrigado,
Jarvis Jay Masters
Ala Leste, Prisão Estadual de San Quentin
Califórnia, Estados Unidos
Abril de 2020

PREFÁCIO

Pema Chödrön

Meu querido amigo Jarvis Jay Masters tem sido um dos meus grandes mestres.

Esse homem corajoso teve uma infância muito sofrida. Aos cinco anos, passou a morar em lares temporários, depois de passar fome e ser vítima de negligência e violência. Testemunhou sofrimento e trauma ainda numa idade tão tenra e, como muitos jovens que não usufruem do cuidado e do acolhimento de que necessitam no início da vida adulta, cometeu assalto à mão armada. No fim da adolescência, acabou indo para a prisão de San Quentin.

Enquanto ainda cumpria sua pena, Jarvis foi acusado de ser cúmplice no assassinato de um dos agentes penitenciários. Até hoje, ele afirma inocência, e eu me juntei à campanha pela sua libertação porque acredito nele. Nos muitos anos desde que o conheci e passei a visitá-lo em San Quentin, eu o vi passar por uma profunda transformação pessoal – uma transformação que foi resultado de sua própria vontade de examinar seu coração e sua mente. No corredor da morte – onde há tanto desespero, raiva e desalento –, Jarvis emergiu como um homem amável, que superou a dor e encontrou a humanidade terna em seu ambiente. Nos ensinamentos budistas, chamamos isso de compaixão.

Aqueles que praticam e desenvolvem a compaixão, como Jarvis fez, começam a ver o mundo e o lugar que nele ocupam de um ponto de vista muito mais amplo. Aprendem a aceitar e vivenciar a verdade: que somos seres frágeis e vulneráveis que desejam ser amados. Sob a orientação de seu primeiro mestre budista, Chagdud Tulku Rinpoche, Jarvis fez o voto de bodisatva, que significa essencialmente devotar sua vida à compaixão. Ao fazer o voto, ele se comprometeu a não ferir nem fazer mal a nenhum ser e a fazer o possível para pôr fim ao sofrimento sempre que puder. Através da sua escrita, da sua prática de meditação e da sua simples presença, Jarvis dá esse exemplo a outras pessoas todos os dias. Ele recebe cartas o tempo todo, sobretudo de jovens que passam pelas mesmas dificuldades que ele passou, que ouviram sua história e, depois disso, deram um novo rumo à sua vida.

Jarvis me inspira constantemente com sua perseverança e resiliência. Sei que não é fácil para ele lidar com um sofrimento intenso e visível todos os dias, sabendo que sua situação pode nunca mudar. Mas ainda assim ele encontrou dentro de si a capacidade de estar presente em sua experiência, de aceitar, de se abrir e de receber as lições de sua situação sem perder o senso de humor. Penso com frequência que se Jarvis conseguiu abrir uma brecha e encontrar a luz num dos lugares mais sombrios que existem, há esperança para todos nós.

Este é um dos meus livros favoritos, ao qual me refiro com frequência em meus ensinamentos. Fico muito feliz em saber que mais pessoas vão poder ler estas maravilhosas e comoventes histórias.

INTRODUÇÃO

Melody Ermachild Chavis

Como uma das investigadoras da equipe de defesa durante o julgamento de Jarvis, examinei minuciosamente detalhes de sua vida e constatei a longa viagem espiritual que ele empreendeu numa vida tão curta.

Jarvis nasceu em 1962, no mesmo ano que meu filho mais velho. Conheci sua mãe, Cynthia, enquanto trabalhava no caso dele, mas ela morreu de ataque cardíaco antes do julgamento. Fazia muitos anos que não o via. Todos os filhos de Cynthia cresceram em lares adotivos temporários porque ela era viciada em drogas. O pai de Jarvis havia abandonado a família, e mais tarde ele também se tornou dependente de drogas. Na série de lares adotivos para os quais foi mandado, Jarvis foi separado dos irmãos. Durante muitos anos, ficou em seu lar favorito, com um casal de idosos a quem ele amava, mas quando tinha nove anos e os dois ficaram velhos demais para cuidar dele, Jarvis foi transferido novamente. Depois disso, fugiu de diversos lares adotivos temporários, voltando para a casa do casal de idosos. Logo foi mandado para o grande abrigo para menores do condado e, mais tarde, para mais algumas casas de acolhimento. Chegou a morar com uma tia por um tempo, mas acabou se metendo em confusão. Aos doze anos, passou à tutela do Estado por causa de atos de delinquência, e depois disso entrou e saiu de diversas instituições.

Durante minha investigação, falei com pessoas que tinham conhecido Jarvis no sistema de lares adotivos e em instituições para menores, e todos me disseram que ele sempre teve muito potencial. Eles se lembravam de um garoto inteligente e articulado e com ótimo senso de humor, mas que muitas vezes acabou seguindo o caminho errado.

Aos dezessete anos e cheio de raiva, Jarvis foi liberado do Centro de Detenção de Menores da Califórnia e logo cometeu uma série de crimes, assaltando lojas e restaurantes, até ser preso e mandado para San Quentin. Ele nunca atirou em ninguém, mas a grande pilha de relatórios que li sobre seus crimes era assustadora. Como já disse a ele: fiquei grata por não estar num Taco Bell durante um de seus assaltos.

Quando chegou a San Quentin, em 1981, Jarvis tinha dezenove anos. De imediato, se envolveu com o que o sistema prisional chama de "gangue". Ao chegar à prisão, a maior parte dos rapazes – pardos, negros e brancos – se une em busca de uma sensação de pertencimento, de família. Naquela época, os prisioneiros negros mais velhos se encarregavam da educação política dos mais jovens.

Em 1985, o sargento Burchfield foi assassinado em San Quentin, esfaqueado até a morte durante a noite no segundo andar de um dos pavilhões. No momento do assassinato, Jarvis estava preso em sua cela no quarto andar.

Embora diversos detentos fossem suspeitos de ter conspirado para assassinar o carcereiro, apenas três foram levados a julgamento, entre eles Jarvis. Um foi acusado de ser o "perpetrador" – de ter, de fato, esfaqueado o policial. Outro, um homem mais velho, foi acusado de ter ordenado o assassinato. Jarvis foi acusado de ter afiado o pedaço de metal que supostamente foi passado adiante e mais tarde usado para produzir a arma com a qual o sargento foi morto.

Num dos julgamentos mais longos da história do estado da Califórnia, todos os três foram condenados por sua participação na conspiração para matar Burchfield. Mas as sentenças variaram. Um júri condenou o perpetrador à pena de morte, mas a juíza que presidia o caso comutou a pena para prisão perpétua sem direito a condicional, com base no fato de ele ser muito jovem. Outro júri não conseguiu chegar a um veredito sobre a sentença do homem mais velho, então ele também foi condenado a prisão perpétua sem direito a condicional. Jarvis foi condenado pelo mesmo júri à morte na câmara de gás, em parte por causa de seu passado violento.

Embora seus advogados tenham pedido leniência à juíza que presidia o caso, também com base no fato de ele ser muito jovem – Jarvis tinha vinte e três anos na época do crime, apenas dois anos a mais que o jovem acusado de executar o assassinato –, ela negou o recurso e o mandou para o corredor da morte, onde ele permanece desde 1990. Lá, Jarvis precisa ser paciente, esperar que os recursos sejam apresentados e aguardar os resultados.

Sua situação é singular no seguinte aspecto: ele é o único homem no corredor da morte que vive na cena do crime. É como se tivesse sido condenado por matar o funcionário de uma loja durante um assalto e sua cela tivesse sido colocada dentro da loja, de forma que, pelo resto da vida, ele fosse vigiado dia e noite e inclusive alimentado por pessoas que conheciam sua vítima, pessoas que pensavam todos os dias na viúva e nos filhos do funcionário assassinado. E um dia, vários dos funcionários da loja talvez participassem de sua execução. Jarvis tem mais oportunidades do que a maior parte das pessoas no planeta de se confrontar com o que pensam a respeito dele.

Jarvis costuma ser estoico a respeito de sua situação. Ele fala sobre carma e sobre o caminho que ele mesmo tomou, as escolhas que fez. Sempre me pede para dizer aos jovens em situação de risco com os quais faço trabalho voluntário: "Vocês ainda têm escolhas!".

Introdução 19

O mais difícil é que ele tem pouquíssimas. Jarvis não vive num corredor da morte comum. Como o crime pelo qual foi condenado envolveu um carcereiro, ele fica numa ala de segurança especial em San Quentin chamada Centro de Ajustamento. Os detentos na ala menos rígida do corredor da morte podem fazer ligações telefônicas, ouvir música e usar máquinas de escrever. Aqueles que ficam na ala especial têm permissão para ter apenas alguns livros e uma televisão. Eles passam a maior parte do tempo em suas celas, exceto pelas poucas horas de pátio três vezes por semana. Jarvis não pode escolher o que nem quando comer, quando se exercitar ou tomar banho. Não pode acender ou apagar as luzes, regular a temperatura de sua cela ou ter qualquer controle sobre quando recebe visitas ou quanto tempo elas duram. Acredito que deva ser quase impossível se tornar um homem maduro e responsável quando se é infantilizado dessa maneira; no entanto, vi Jarvis amadurecer.

Hoje, ele é um homem muito diferente do jovem problemático e sempre na defensiva que conheci em 1986. Até sua aparência mudou. Quando o conheci, ele tinha uma expressão taciturna e indiferente. Mas, como acontece muitas vezes com pacientes terminais, encarar a morte fez com que ele se abrisse. Quando chegou a San Quentin, mal sabia ler e escrever, mas começou a estudar por conta própria e a meditar. Enquanto escrevo, ele já é um homem de trinta e cinco anos e desempenha um papel importante no corredor da morte, ajudando detentos mais jovens.

Nem todos os carcereiros guardam rancor de Jarvis. Vários deles me contaram que respeitam as mudanças pelas quais ele passou. Percebo, pela postura relaxada dos agentes penitenciários que o conhecem, que eles não têm medo dele. Em contraste com a maneira como lidam com alguns dos meus outros clientes, muitos cumprimentam Jarvis, sorriem, tocam seu ombro. Quando chego para uma visita, vários dos policiais com os quais cruzo em meu caminho me pedem para dizer "oi" a ele.

O sargento Burchfield foi assassinado em junho, e se Jarvis tem problemas com os funcionários da prisão, esses problemas costumam ser no mês de junho. Algumas vezes, durante esse mês, Jarvis é transferido para a pior parte da prisão: o andar térreo da ala de segurança máxima. As autoridades que tomam essa decisão a justificam como uma "conveniência". Essa mudança costuma ser estressante no começo, porque os pertences de Jarvis – incluindo seus livros pessoais e documentos legais – são confiscados, embora mais tarde sejam devolvidos.

No andar térreo da ala de segurança máxima, há um corredor de celas onde são mantidos os prisioneiros mais problemáticos. Lá, os vizinhos de Jarvis berram dia e noite, e alguns têm alucinações nas quais insetos rastejam por seu corpo ou nas quais há outras pessoas em suas celas. Alguns não têm cuidado de higiene ou se recusam a comer por medo de serem envenenados. Quando não apresentam melhora, os prisioneiros nessas condições acabam sendo mandados para hospitais prisionais a fim de serem oficialmente diagnosticados como portadores de transtornos mentais. Nesse ínterim, no entanto, ficam segregados na ala de segurança máxima.

Durantes os meses difíceis que Jarvis passa no andar térreo, é particularmente difícil para mim vê-lo se preparar para voltar para sua cela depois das minhas visitas, que estão entre os poucos momentos de alegria que ele tem. Normalmente, Jarvis se despede com um sorriso, estendendo as mãos atrás das costas perto da abertura na porta de metal, de forma que o carcereiro possa colocar as algemas em seus pulsos. Quando tem que voltar para o térreo, no entanto, ele não sorri. Não sei o que fazer além de ficar de pé pacientemente por mais alguns instantes segurando meus papéis, esperando que ele se vá.

Durante esses meses, me preocupo com ele mais do que de costume, temendo que fique doente ou entre em depressão. Mas Jarvis mantém o ânimo de uma maneira admirável. Ele diz que, de certa maneira, é fácil conviver com seus vizinhos, porque, não importa o que façam, não consegue ficar irritado com eles.

No momento, Jarvis está novamente num dos andares superiores, numa cela mais quente e menos úmida. Os detentos de ambos os lados são muito silenciosos, o que lhe proporciona as melhores condições para meditar e escrever que ele já teve em San Quentin. Diante de sua cela há uma janela. Jarvis fica feliz porque o vidro está quebrado e isso deixa o ar mais fresco dentro da cela, embora às vezes também fique frio. O melhor de tudo: pela janela, ele consegue ver algumas casas a distância. Várias crianças brincam do lado de fora, andando de bicicleta e jogando bola. Jarvis deu nome às crianças e, com o tempo, depois de horas observando-as brincarem, passou a conhecer cada uma delas. Quando o Natal se aproxima, ele vê as casas decoradas com luzinhas coloridas, as primeiras que vê em muitos anos.

Jarvis já passou tanto tempo na prisão que adora ouvir sobre os detalhes da vida comum. (Eu brinco dizendo que ele provavelmente foi para a prisão antes de os aviões serem inventados. É, é verdade: ele nunca entrou num avião.) Então descrevo a atmosfera pungente e movimentada da minha cafeteria favorita, os estudantes com seus laptops, o aroma do *espresso*, as pilhas de jornais semanais gratuitos.

Jarvis quer saber tudo sobre uma caminhada ou um jantar em família, a aparência, a atmosfera, os gostos, todos os prazeres da vida aos quais ele não tem acesso dentro da prisão. Quando conto essas histórias, não estamos exatamente vivendo o presente. Na verdade, não estamos nem sequer ali em San Quentin. Ele se recosta, sorrindo, e se imagina com minha família ou meus amigos. E eu revivo um acontecimento recente da minha própria vida, vendo tudo outra vez. Do ponto de vista de Jarvis, minha vida é muito rica e complexa, e o mundo, muito bonito.

Em geral, eu escrevo *com* Jarvis, e não sobre ele. Quando escrevemos juntos na prisão, fazemos uma pausa na discussão dos recursos de seu caso. Eu tiro meu relógio e o coloco num lugar onde ele possa vê-lo, no peitoril que nos separa, e um de nós dois diz: "Vamos lá, dez minutos. Já!". O objetivo é exercitar nossa escrita sem nos preocupar com o resultado. Nós apenas escrevemos, às vezes sobre um tema específico, como "Uma conversa entreouvida por aí" ou "Chuva". Às vezes escrevemos o que quer que surja em nossa mente, simplesmente deixamos que a caneta siga se movendo. Ele de um lado da divisória grossa de arame, eu do outro, do lado com a porta que dá para o mundo lá fora – nós dois baixamos a cabeça e escrevemos. Respiramos o mesmo ar viciado da prisão. Ouvimos os murmúrios de outras visitas através das paredes, e de tempos em tempos a voz de um carcereiro chamando a atenção de alguém. Jarvis tem mais luz: o lado da cabine destinado ao visitante fica na penumbra, e o lado do prisioneiro é bem iluminado por uma longa lâmpada fluorescente.

Eu uso uma caneta esferográfica comum, e Jarvis usa apenas o interior de uma; ele não pode ter o tubo de plástico duro, então escreve com o tubinho de tinta mole e estreito. Nós dois compartilhamos a mesma determinação de colocar as palavras no papel.

Quando nosso tempo de escrita termina, Jarvis e eu lemos o resultado um para o outro. Esses breves exercícios de escrita compartilhada nos incentivam a continuar escrevendo, e às vezes dão origem às sementes das quais mais tarde brotam os contos de Jarvis e os meus ensaios.

A escrita e a prática de meditação são o que fazem a vida valer a pena para Jarvis. Estudar o budismo nos últimos anos o ajudou a atingir uma percepção admirável. Nem ele nem eu temos ilusões a respeito do fato de que ele fez mal a outras pessoas. Mas Jarvis adotou os preceitos de dedicar o resto de sua vida à compaixão e à não violência – um caminho nada fácil numa prisão violenta.

Há várias restrições ao que Jarvis pode escrever, muitas das quais podem ser facilmente imaginadas por qualquer leitor, assim como outras que talvez só sejam percebidas por quem trabalha ou vive dentro do sistema penal. E como seus recursos ainda não foram julgados, Jarvis não pode escrever sobre seu caso. Seus recursos ainda serão apreciados em tribunais estaduais e federais, e ele não vai estar próximo da execução ou da liberdade por pelo menos mais dois anos.

Jarvis tem esperança, como já escreveu, de que "aqueles que quiserem tentar entender vão ver, por meio da minha escrita, um ser humano que cometeu erros. Talvez minhas palavras, pelo menos, os ajudem a me ver como alguém que sentiu, amou e se importou, alguém que quis descobrir por conta própria quem era".

Alguns leitores talvez queiram saber mais detalhes sobre a vida e a transformação de Jarvis. Tenho esperança e rezo fervorosamente para que suas condições de vida mudem de forma que essas histórias possam ser escritas.

Maio de 1997

NOTA DO AUTOR À PRIMEIRA EDIÇÃO

Este livro contém histórias verdadeiras sobre minhas experiências em San Quentin. Muitos dos nomes foram mudados para proteger aqueles que permanecem na prisão, mas todos os personagens são pessoas que conheci. O fato de eu escrever sobre seu lado humano, não apenas sobre seu lado violento, calejado e desprovido de humor, foi um desafio para eles. Mas todos aceitaram bem a ideia, e sou grato por sua disposição de acolher e apoiar minha escrita.

Os trechos que aparecem em itálico foram compilados de cartas que escrevi a amigos durante meus anos em San Quentin, assim como de anotações que por vezes fizeram durante visitas. Quero agradecer a eles pela permissão para usar esse material. Guardei trechos de cartas escritas a amigos a fim de me ajudar a descobrir, compreender e encarar muitas das mudanças que estão acontecendo comigo. Espero que elas ajudem você, caro leitor, a compreender as transformações pelas quais passei.

PARTE I
SANTUÁRIO

SANTUÁRIO

Quando cruzei pela primeira vez os portões de San Quentin, no inverno de 1981, atravessei o pátio superior carregando uma caixa que chamamos de "kit de pescaria", dentro da qual estavam meus pertences fornecidos pela prisão. Vi o rosto de centenas de homens que já haviam feito da prisão o seu lar. Observei enquanto me encaravam com olhos penetrantes, o rosto maltratado e a barba de diferentes tons – todos vestindo a calça jeans da prisão e os casacos surrados e rasgados –, alguns encostados nas cercas de metal, cigarro pendendo dos lábios, outros com óculos escuros cobrindo os olhos.

Nunca vou me esquecer do momento em que a porta de ferro da cela se fechou com força atrás de mim. Fiquei parado no escuro, esperando meus olhos se ajustarem à pouca luz e meus pensamentos pararem de dizer que aquele lugar não era meu lar – que aquele espaço minúsculo não seria, não poderia ser o lugar onde eu passaria mais de uma década da minha vida. Minha mente repetia: *Não, não! De jeito nenhum!* Pensei novamente nos muitos prisioneiros que tinha visto momentos antes no pátio, tão envelhecidos e conformados com seu destino.

Deixei o kit cair no chão. Estendi os braços e constatei que a palma das minhas mãos tocava as paredes opostas com facilidade. Empurrei-as com toda a minha força até me dar conta da tolice que era achar que aquelas espessas paredes de concreto iam ceder. Tateei em busca do interruptor de luz. Ficava na parede dos fundos, apenas alguns metros acima do beliche de metal. A cama era presa à parede como uma prateleira. Tinha apenas setenta centímetros de largura por um metro e oitenta de comprimento, e ficava pouco mais de um metro acima do chão de concreto cinza.

Quando acendi a luz, meus olhos já tinham se acostumado à escuridão. Até aquele momento, no entanto, não tinha visto a grande quantidade de baratas que se aglomeravam por toda parte, sobretudo em torno do vaso sanitário e da pia que ficavam na parede dos fundos. Quando a luz se acendeu, as baratas se dispersaram às pressas, escondendo-se em minúsculos buracos e rachaduras atrás da pia e nas paredes, ficando para trás apenas as muito gordas ou muito novas, ainda correndo pelo chão, apavoradas. Fiquei chocado ao me deparar com tantas daquelas criaturas repugnantes. E, embora não tenham se aproximado de mim, comecei a sentir baratas subindo por todo o meu corpo. Cheguei a imaginá-las planejando um ataque contra mim quando eu estivesse dormindo.

Aquele era o meu lar. Passei horas tentando aceitar essa ideia. As baratas, a sujeira nas paredes, a poeira que se acumulava no piso e o cheiro insuportável de urina que tinha ficado entranhado no vaso sanitário havia sabe-se lá quanto tempo me deixaram tão nauseado que quase desmaiei.

Para considerar San Quentin um lar, tive que reunir uma vontade inacreditável de sobreviver. A primeira coisa que fiz foi dar descarga no vaso. Para a minha surpresa, encontrei no kit tudo de que precisava para limpar a cela: uma toalha de banho, uma toalha de rosto e uma caixa de detergente. Havia também uma barra de sabonete, uma escova de dentes e um pente, um tubo de pasta de dente, um pequeno copo de plástico e dois exemplares da *National Geographic* de vinte anos antes, um deles publicado no mesmo mês e ano em que nasci.

Aparentemente, agora o tempo estava a meu favor. Passei a limpar tudo vigorosamente. Comecei por uma das paredes, em seguida passei para a próxima, esfregando-as de cima a baixo com toda a minha força para remover as marcas e a sujeira. Só parei depois que as havia lavado do teto ao chão e elas estavam impecáveis. Já que ia ter que dormir naquele lugar, isso era o mínimo que podia fazer. As barras da cela, a pia, o vaso sanitário e o chão receberam o mesmo tratamento. Eu me preocupei sobretudo em limpar o vaso sanitário. Tinha ouvido dizer que os prisioneiros se viam obrigados a lavar o rosto com a água do vaso sempre que gás lacrimogêneo era jogado nas celas para conter motins e a água era cortada. Eu me imaginei debruçado sobre aquele vaso e o limpei à altura dos mais exigentes padrões militares.

Passei horas, em alguns momentos de quatro, lavando cada centímetro da minha cela… limpei tudo, até o teto. Quando terminei, estava convencido de que poderia comer um doce que tivesse caído no chão. As baratas tinham se afogado ou sido mortas. Bloqueei todos os seus esconderijos, tapando os buracos e as rachaduras nas paredes com papel higiênico molhado.

Passados os primeiros dias, decidi decorar as paredes da minha cela com fotografias dos exemplares da *National Geographic*. As paisagens da Malásia e de outras partes do mundo eram lindas, e tive prazer em colar fotos delas por toda parte. Essas pequenas representações da vida me ajudavam a imaginar o mundo além dos muros da prisão.

Com o passar dos anos, comecei a reunir livros e até comprei uma televisão e um aparelho de rádio – janelas para o mundo lá fora. E colei milhares de fotografias nas paredes. A que fez com que meu lar na prisão se parecesse mais com um santuário foi uma pequena fotografia de um santo budista que uma amiga muito querida me enviou. Ela está bem no centro da minha parede há muitos anos.

Agora começo todos os dias com minha prática de meditação, sentado no chão frio pela manhã, acolchoado apenas pelo meu cobertor cuidadosamente dobrado. Ao receber a luz da manhã, percebo, como se enxergasse através das nuvens, que lar é onde o nosso coração está.

RATOS

Eu ERA UM "PEIXE", UM condenado recém-chegado a San Quentin, sentado sozinho no meu beliche, olhando ao redor naquela primeira manhã. Outro condenado mais velho, com um olhar apreensivo, talvez beirando os cinquenta anos, veio até a minha cela, baforando uma bituca de cigarro.

– Ei, viu alguém passar correndo por aqui? – perguntou ele.

– Não, cheguei na noite passada.

– Ah, é? Todo mundo aqui me chama de Tio. Quantos anos você tem, garoto?

Eu me levantei.

– Dezenove. Mas vou fazer vinte mês que vem.

– Então você tem só dezenove anos, hein? Tem certeza de que não viu nada passar correndo por aqui hoje de manhã?

– Tenho. O que aconteceu? – perguntei.

– O Rei fugiu.

– Quem é esse Rei?

– Meu rato de estimação. Ele deve tá perambulando por aí. Ele fugiu hoje de manhã.

– Um rato! Não vi nenhum rato.

– Bem, o Rei não passa despercebido. Ele bate mais ou menos no seu tornozelo. É preto e muito gordo. E bonito também. – Tio sorriu, tentando dar uma tragada sem queimar os lábios na bituca do cigarro. – Se você vir o Rei, ele vai estar com uma coleira fina de barbante no pescoço.

– Como é que é?! Ele bate no meu *tornozelo*?

– É, talvez um pouco maior. Avise se o vir. Mas não tente pegá-lo, porque ele morde.

– Pode deixar, Tio.

Voltei a me sentar e recolhi os pés para cima do beliche.

O PEQUENO PARDAL NEGRO

Era meu primeiro dia no pátio de exercícios. Fazia apenas uma semana que eu estava em San Quentin e passava pelo processo de ambientação de um presidiário recém-chegado – era só mais um número circulando pra cá e pra lá. Como não conhecia ninguém, fiquei parado no pátio, sozinho e ansioso, no início daquela manhã.

Com as costas apoiadas na cerca, fiquei observando o que parecia ser centenas de prisioneiros: alguns caminhando, outros conversando, outros levantando peso, jogando handebol ou sentados em torno de mesas, jogando cartas e dominó.

As mesas ficavam próximas de onde eu estava. Sentados em torno delas estavam todos os presidiários mais velhos – agindo de forma debochada, baixando cartas na mesa com movimentos ligeiros. Foi estimulante ver aqueles velhos "estadistas" de San Quentin, com cabelos e barba grisalhos, bebendo café frio como se degustassem um vinho caro, o cigarro pendendo dos lábios.

Eles jogavam de maneira quase provocadora – desafiando uns aos outros com intimidações e uma espécie de sabedoria em prever a próxima jogada do oponente.

– Isso! Vou acabar com a sua raça agora – disse um deles, jogando uma das cartas de sua mão com toda a força na mesa.

– Pô, cara... isso não é nada! Esse valete de ouros é só fumo de palha – exclamou o prisioneiro seguinte, jogando uma rainha de copas. – Quero ver você ganhar agora, espertalhão. Ninguém aqui achou que o velho Satchmo estava com ela, não é? Só vou dizer uma coisa: eu sou *casado* com ela. Ninguém é páreo pro papai aqui – gabou-se ele, gargalhando em uníssono com todos os outros.

Eu me aproximei. Eles me lembravam todos os bêbados que costumavam frequentar o velho bar de sinuca do bairro em que morei quando criança, que ficava perto da casa da minha tia. A única diferença era que aqueles homens estavam reunidos no pátio de uma prisão.

Quando o jogo de cartas terminou, já era meio-dia. Àquela altura, Satchmo, que vinha me fazendo rir com suas piadas, levantou-se orgulhosamente da mesa com uma bituca de cigarro pendurada no canto da boca e sorriu.

– E então, novato? Agora você já sabe quem é o rei do pedaço por aqui quando se trata de jogar cartas. Esses velhotes, olhe só pra eles, não dão conta de caras jovens como nós.

– "Nós"? Que "nós"? – quis saber Ripsaw. – Satchmo, meu chapa, não comece a mentir pra ele. Você é mais velho do que todo o asfalto desta penitenciária, então não me venha com esse papo de "velhotes"... você é tão velho quanto a gente!

– Ele sabe muito bem disso – disse Shorty, outro dos jogadores de cartas. Ele se virou para mim e sorriu. – Novato, esse homem não tem a sua idade nem aqui nem na China! Ele não tem mais a sua idade desde o início da década de 1960, então não acredite em nada do que ele diz. Daqui a pouco Satchmo vai fazer sessenta e dois.

– Vocês perderam completamente o juízo – disse Satchmo, irritado, quando todos começamos a rir. – Eu tenho quarenta e oito anos e só vou fazer quarenta e nove bem, *bem* lá pro fim do ano que vem.

– Isso é verdade, cara? – perguntei. – Pô, achei que você tinha uns trinta e dois. Você não parece ser muito mais velho que isso, Satchmo, sério!

– É, é isso aí – disse ele com um grande sorriso. – Eles não fazem ideia do que tão falando. Vamos dar uma volta no pátio. Gostei do seu estilo. Quer um cigarro? Você tá bem da cabeça, rapaz. Todos esses velhotes estão mal, muito mal das ideias. Venha, vamos ficar longe desses dinossauros.

Nós conversamos bastante enquanto caminhávamos lentamente em torno do pátio de exercícios. Eu tinha apenas dezenove anos. Quando Satchmo contou que estava em San Quentin havia dezesseis anos, comecei a prestar mais atenção.

– Novato, deixe eu lhe dizer uma coisa. Posso mostrar cada centímetro desta penitenciária, de quem é quem ao que está debaixo da terra, entendeu? Mas como isso levaria anos, e eu não conheço você muito bem, vou contar uma historinha que foi contada a mim e a muitos outros quando chegamos aqui. É sobre um pardal chamado Jovem Negro que detestava voar para o sul no inverno.

Era uma espécie de fábula, mas, nas minhas circunstâncias, ganhou um novo significado.

– Jovem Negro detestava tanto a ideia de deixar seu ninho que adiou sua partida até o último momento. Depois de se despedir de todos os seus amigos que voavam para o sul, ele passou cinco meses no ninho, contrariando as leis da natureza. Então começou a fazer tanto frio que ele não pôde mais adiar a partida. Jovem Negro iniciou seu voo para o sul. Logo começou a nevar, e suas pequenas asas ficaram cobertas de gelo.

"Quase morrendo de frio e exaustão, ele despencou do céu e acabou caindo num velho celeiro… Vamos chamar esse celeiro de San Quentin", disse Satchmo, olhando para mim.

"Então, quando o jovem pardal estava dando o que pensava ser seu último suspiro, um cavalo marrom saiu do celeiro e cagou, cobrindo Jovem Negro com esterco quente e fumegante. A princípio, Jovem Negro ficou muito irritado, piando: 'Ei, idiota! Que merda é essa?'. Aquela era definitivamente uma maneira bem fedorenta de se morrer.

"Depois de algum tempo, no entanto, o esterco quente aqueceu suas penas congeladas, e a vida voltou ao seu corpo. Para sua surpresa, ele se deu conta de que continuava respirando. Jovem Negro começou a piar tão alto que seu canto foi ouvido a quilômetros de distância.

"Então, lentamente, um gato grande e branco chamado Lince se aproximou sorrateiramente do pequeno pardal preso que não parava de cantar. O velho Lince cavoucou a pilha de esterco e descobriu de onde vinha o canto. Levou um tempo, mas, no fim das contas, ele encontrou Jovem Negro e o devorou."

– Que merda! – falei. – Não acredito que o gato simplesmente devorou Jovem Negro! Caramba, quanto sangue-frio!

– Não se você parar pra pensar a respeito – respondeu Satchmo. – Veja bem, novato, há algumas lições nessa história. Primeiro: nem todo mundo que caga em você é seu inimigo. Segundo: nem todo mundo que tira a merda de cima de você é seu amigo. E por último, novato – Satchmo fez uma pausa e olhou para o pátio –, se conseguir ficar aquecido e confortável, mesmo que seja numa pilha de merda, fique de boca calada!

O DESEJO DE PABLO

Quando deixei minha cela para ir ao pátio naquela manhã, soube que alguma coisa estava errada. Era apenas uma sensação, o instinto de um presidiário, talvez, enquanto eu observava a estranha movimentação de outros prisioneiros que também se encaminhavam para o pátio de baixo para as três horas de exercícios físicos.

Eu estava em San Quentin havia menos de dois anos, mas àquela altura já tinha visto mais do que o suficiente para, enquanto atravessava o portão do pátio, me dar conta de que havia uma morte encomendada. Alguém ia ser esfaqueado.

Não era da minha conta. Comecei a caminhar, tomando um pouco de ar antes de dar início à minha rotina diária de jogar algumas partidas de dominó e dar muitas voltas, correndo em torno do pátio.

Enquanto corria, avistei um rosto familiar e sorri porque "um infortúnio compartilhado é um infortúnio pela metade". Eu não via Pablo desde o início da primavera de 1972. Naquela época, nós dois éramos delinquentes juvenis que sempre se esbarravam nos corredores do centro de detenção para jovens infratores. Nós gostávamos de lá, brincamos certa vez.

– Ei, Pablo! É você? Por onde andou, cara? – perguntei, exultante por ver meu velho companheiro agachado contra o muro do pavilhão sul, fumando um cigarro. Dava para ver que ele tinha acabado de chegar a San Quentin e não estava familiarizado com o pátio. Ele parecia nervoso.

– E aí, Jarvis? – disse Pablo, claramente surpreso. – Como é que você tá? Pô, cara, não vejo você há séculos. Achei que tivesse morrido. Quanto tempo faz? Dez, quinze anos?

– É, mais ou menos por aí. – Eu sorri. – Já estou aqui há quase dois anos. Mas e você? Por onde andou? A última vez que vi você, nós dois estávamos no centro de detenção porque tínhamos roubado um maço de cigarro. Lembra?

– É, eu lembro – respondeu Pablo, sorrindo. – Nós nos esgueiramos para fora do dormitório naquela noite e fomos pegos tentando roubar um maço de Camels da camisa do monitor quando achamos que ele estava dormindo – ele riu. – Cara, depois disso, eu estive por toda parte nesse sistema dos infernos. Cumpri pena por um tempo no Campo de Detenção do Condado depois que nos separamos. Depois cumpri mais alguns anos no Centro de Detenção de Menores da Califórnia. Então, cheguei ao topo, cara, e fui direto para a penitenciária. É a quarta vez que sou preso. Além disso, cumpri cinco anos no presídio federal em Lompoc!

– Quanto tempo vai ficar desta vez?

Pablo ficou em silêncio. O cigarro em seus lábios começou a soltar fumaça como uma chaminé. Seu rosto se crispou de medo. Então, com os olhos fixos no pátio, ele respondeu:

– Bem, Jarvis, talvez umas duas horas, no máximo.

– Merda, Pablo, o que você *fez*? – perguntei.

Bastou olhar nos olhos dele para ver que eu estava certo sobre a morte encomendada, e que Pablo era o homem marcado para morrer.

Pablo acendeu outro cigarro.

– É uma longa história – disse ele, soprando a fumaça. – A única coisa que posso dizer é que me envolvi numa merda realmente grande dessa vez.

Acabei me metendo num negócio do qual não consigo sair, e sei que vão vir atrás de mim agora. Então é melhor você não saber.

– Quero ajudar. O que posso fazer?

– Na verdade, não tem nada que você possa fazer. Apenas pegue uma coisa no bolso do meu casaco – disse ele, tentando esconder até mesmo de mim a arma escondida em sua manga. – Tem um envelope com um endereço e a foto da minha filhinha, Alice, dentro. Ela é tudo pra mim. Se alguma coisa acontecer comigo hoje, Jay, me faça um favor e escreva pra ela. Diga que eu a amo. Diga alguma coisa bonita por mim.

– Ah, cara! Você sabe que vou fazer isso por você. Mas o que posso fazer *agora*? Pablo... fale comigo. Preste atenção: estou disposto a ficar aqui e enfrentar isso com você.

– Não! – protestou Pablo. – Jay, essa briga *não* é sua. Nós dois vamos morrer se você ficar perto de mim por muito mais tempo, cara. Eu me meti numa merda muito grande, e se tiver que morrer, quero morrer sozinho. Não se preocupe... eu vou morrer lutando. E eles sabem muito bem disso.

Eu não sabia o que dizer. Pablo estendeu a mão e começou a rir enquanto apertava a minha.

– Eu queria muito que a gente tivesse se encontrado sem toda essa merda acontecendo – disse ele. – A gente deve ter um milhão de assuntos para conversar, não é? Mas agora não é o momento. Estou falando sério, Jarvis. Você precisa se afastar de mim antes que seja tarde demais.

Meu amigo me encarou com firmeza.

Foi difícil ir embora, pois aquela era a última coisa que eu queria fazer. Mas me afastei, sentindo o cheiro da violência pairando no ar.

Eu me distanciei o máximo que pude, tentando me conter até chegar ao outro lado do pátio. Não queria ver o que ia acontecer.

Quase uma hora se passou. Então todos os nervos do meu corpo estremeceram ao ouvir o som do alarme da prisão guinchando de forma descontrolada no pátio de baixo. Ouvi disparos rápidos. Pou! Pou!... Pou! Pou!

40 ENCONTRANDO A LIBERDADE

Pou! Pou! Pou!... Pou! Pou! Os disparos vieram de uma torre de vigilância não muito longe do local onde eu havia conversado com Pablo. O rifle de um dos guardas estava apontado para o lugar onde eu estivera antes. Soube no mesmo instante que Pablo estava morto. Minha mente ficou paralisada.

Apenas dias mais tarde, após um grande confinamento que manteve todos os presos em suas celas para investigação, fiquei sabendo o que tinha acontecido. Pablo havia levado dezoito facadas e um tiro na coxa, disparado por um dos guardas na torre. Ele teve a morte declarada no hospital da prisão.

Um amigo que havia testemunhado o esfaqueamento me contou mais tarde o que aconteceu.

– Ele tava enlouquecido. Não parou de lutar em nenhum momento. Mandaram Pablo parar, mas ele continuou. Era como se estivesse perseguindo a morte e não fosse parar, de jeito nenhum, até alcançá-la... até sair deste lugar de qualquer jeito.

Uma semana depois, eu estava deitado no meu beliche, tentando encontrar as palavras para escrever para Alice. Eu queria redigir uma carta linda, dizendo o que imaginava que seu pai havia desejado expressar.

Até aquela noite, ainda não tinha aberto o envelope que peguei do bolso de Pablo, porque não queria encará-la. Que direito eu tinha quando deveria estar morto junto com ele?

Por fim, peguei o envelope no esconderijo e olhei para a fotografia. Pude ver, na penumbra da cela, que Alice era uma menina linda, muito parecida com o pai. Fiquei encarando a fotografia por um tempo, tentando compor uma carta em minha mente. Então a virei. Quase não dava para ler o que estava escrito no verso.

Querida Alice,

O papai ama você. Quando receber esta foto, minha vida problemática provavelmente já vai ter chegado ao fim, mas certamente não o meu amor. Por favor, Alice, quero que saiba que, com esta foto, sempre a levei comigo e que você sempre esteve no meu coração. Eu amo você. Então se cuide, meu amor, e, por favor, me perdoe por todos os meus erros. Eu não fui um bom pai pra você.

Com amor,
Pablo

Pablo já tinha dito tudo.

O HOMEM QUE FALA SOZINHO

– SABE, MOOKIE – FALEI da cela ao lado. – Agora sei com quem você fala. Quando passei pela sua cela, vi você de pé no fundo, olhando pra um monte de fotos e falando sem parar.

– É – disse Mookie, rindo. – É com elas que eu converso. Você consegue me ouvir daí?

– Cara, eu ouço você todo dia! Tô começando a achar que você tá ficando um pouco maluco.

– Que nada – respondeu Mookie. – Não é nada disso. Sabe, todas essas lindas mulheres que tenho aqui na minha parede, elas são parte de mim. Esse é o meu pelotão, cara!

– Você tá ficando maluco, Mookie – insisti. – Eu realmente acho que você tá perdendo o juízo.

– Que nada. Eu conheço todas essas mulheres pessoalmente.

– Essas fotografias são de revistas. Então não venha com esse papo de que conhece *cada uma* dessas mulheres pessoalmente. Você tá falando merda.

– Não foi isso que eu quis dizer – retrucou Mookie.

– Bem, então o que foi que você quis dizer?

O homem que fala sozinho 43

– É mais ou menos assim. Vamos pegar como exemplo a fotografia da mulher com quem você me viu papeando quando passou pela minha cela. O nome dela é Marie. Quando dei de cara com ela na revista *Vogue*, tirei Marie dessa vida de exposição e trouxe ela para o meu mundo. Perguntei se ela queria ser parte de mim, e ela disse que sim, então eu a coloquei na parede.

– Está me dizendo que todas essas mulheres que você tem na sua parede concordaram em ser parte de você?

– É... é isso – respondeu Mookie. – Cara, agora você tá começando a entender. Mas saca só: elas não se conhecem. São todas diferentes, com personalidades diferentes.

– Como você sabe que elas não se conhecem? – perguntei.

– Porque cada uma veio de uma revista, ora. Seria idiotice me envolver com duas, três ou cinco mulheres, e elas todas se conhecerem.

– Ah, entendi, mas o que você quer dizer quando diz que elas são todas diferentes?

– A Marie, por exemplo – explicou Mookie. – Ela é a minha patroa, mané. Ela nunca quer que eu saia e está sempre pegando no meu pé para eu consertar as coisas pela casa. É uma boa mulher, não me entenda mal. Sempre que preciso falar sobre o meu futuro, o nosso futuro, é com ela que eu converso. Já faz um ano que estamos tentando ter um bebê.

– Sério? – perguntei.

– É, e sabe do que mais? A Marie é a única mulher a quem eu confio meu dinheiro. Ela paga todas as contas etc. Essa mulher tem um coração de ouro, sabe?

– Você tá falando sério? – perguntei.

– Por que eu mentiria? – quis saber Mookie. – É verdade... A Marie é uma boa mulher.

– Não, não estava falando disso... bem, deixa pra lá. Quer saber de uma coisa, Mook? Você é maluco.

– Eu não sou maluco. Só estou oferecendo a você uma dose de realidade. É o que acontece aqui na minha cela.

– Tudo bem, tudo bem – respondi. – E todas as outras fotos na sua parede... Quem são?

Mookie riu.

– A Suzie eu conheci num bar. Ela adora sair para se divertir, gosta de carros velozes e está sempre tentando me fazer gastar dinheiro... essa aí tem muita lábia. É basicamente uma materialista. E, cara, é completamente pirada na cama! A Suzie é legal para levar para festas e tal, mas é a única coisa boa nela. Eu amo ela, mas Suzie não é meu tipo pro dia a dia.

– Como assim "ela não é seu tipo pro dia a dia"? – perguntei.

– Bem, ela é legal e tudo mais – explicou Mookie –, mas é um pouco agitada e doida demais. Além disso, está sempre me pedindo coisas... perfumes, peles e todos esses negócios.

– E onde você conseguiu a foto dela?

– Ah, eu tirei a foto dela da *Hustler*.

– Com quem você estava falando na noite passada? – perguntei. – Eu ouvi você falando com alguém.

– Hum... Com quem eu tava falando? – balbuciou Mookie. – Ah, já sei, eu tava batendo papo com Debbie.

– Quem é Debbie?

– Debbie tá na faculdade. Estamos juntos há mais ou menos uns nove meses.

– Bem, e sobre o que vocês estavam conversando?

– Tava tentando convencer ela a continuar na faculdade. A garota queria largar. A questão com Debbie é que ela é muito inteligente, mas precisa de um incentivo.

– Como você a conheceu?

– Eu fui o primeiro amor da Debbie. É nela que eu penso a maior parte do tempo.

– Por quê?

– Ela conversa comigo sobre as decisões que vai tomar, e ouve todas as minhas opiniões. Ela me ouve muito mais do que qualquer outra pessoa, acho.

– E de onde você tirou a foto dela?

– Eu encontrei a Debbie na *Playboy*.

– Quero saber uma coisa, Mookie: você conhece todas as outras mulheres na parede tão bem quanto conhece essas das quais me falou?

– Ah, claro! – respondeu Mookie. – Conheço cada uma delas. Cara, veja bem, eu não teria a foto de uma mulher na minha parede se não a conhecesse. Isso seria loucura.

– Seria? – perguntei.

– Sim, seria loucura. Eu não sou louco. Às vezes, quando me ouve falar, eu posso soar um pouco doido, especialmente quando estou discutindo com a Loretta.

– Quem é Loretta? – perguntei.

– Ah... – disse Mookie. – A Loretta é uma mulher cabeça-dura que engravidou de mim.

– De onde você tirou a foto dela?

– Eu achei na *Penthouse*, cara. Mas, enfim, isso não quer dizer que eu seja louco. Eu falo com elas, as minhas mulheres, há cinco anos, depois de já estar aqui há uns dez. As pessoas acham que sou louco, mas agora você sabe que não sou.

– Bem, como posso ter certeza? – perguntei.

– Ué, agora você sabe com quem eu falo! A verdade é que só os tolos que me ouvem mas não sabem com quem estou falando acham que sou louco. Mas eu não sou. Jarvis, meu chapa, se eu fosse louco, não teria com quem falar. Eu estaria simplesmente falando sozinho, entende? Isso é loucura – disse Mookie. – Isso... isso é loucura!

UMA RAZÃO PARA VIVER

– CARA, QUERIA ENTENDER POR que aquele sujeito, o Alex, vive tentando se matar – me disse Tex, enquanto estávamos parados junto à cerca do pátio de exercícios num dia quente de verão. – No Texas, de onde eu venho, minha nossa, todo negro agradece a Deus todo santo dia porque os brancos não estão mais promovendo linchamentos por lá. E aqui estamos nós, cara, nos anos 1980, bem no meio de San Quentin, vendo esse negro tentando linchar a si mesmo. Vou dizer uma coisa: aquele garoto precisa levar uma surra!

– Ele é aquele lá, com a bola de basquete? – perguntei.

– É, ele mesmo – respondeu Tex. – Aquele garoto é a coisa mais patética que já vi. O que ele precisa, pode ter certeza, é de uma bela de uma surra, só isso!

– Ah, não – respondi –, acho que isso não vai resolver nada, cara. Ele precisa conversar com alguém que já esteja aqui faz alguns anos e ouvir uns conselhos sobre como lidar com toda essa loucura da prisão.

– Jay, você não sabe, mas eu passei quatro longas e cansativas horas conversando com esse sujeito da última vez que ele tentou cometer suicídio. Ficamos sentados bem ali, naquele canto, falando sobre o que tinha acontecido. Sério! Mas não serviu pra nada, porque duas semanas depois, talvez nem isso, aquele doido foi lá e tentou se matar de novo. Isso me tira do sério.

– Bem, talvez você não tenha abordado o assunto do jeito certo. Provavelmente ficou falando sem parar, achando que o Alex estava ouvindo, mas ele não estava. Você sabe como os jovens são. Só ouvem o que querem ouvir.

– Não – retrucou Tex –, não foi nada disso. Eu realmente fui falar com ele cheio de boas intenções. Dei tudo de mim tentando ajudar esse jovem irmão com a minha experiência.

– Sério?

– Claro! Quando soube que um garoto do nosso pavilhão tinha tentado tirar a própria vida, fiquei muito triste. Saí da cama na mesma hora, fumei meio maço de cigarros e decidi ali mesmo que ia tentar convencê-lo de que o suicídio não é uma boa opção.

– Quando recebeu a notícia, você sabia quem ele era? – perguntei.

– A única coisa que soube pelos boatos naquela noite foi que um jovem presidiário tinha tentado se enforcar no nosso pavilhão, mas a corda foi cortada a tempo pelos guardas. Foi só na manhã seguinte que fiquei sabendo que tinha sido o Alex.

– E quanto tempo depois disso você teve oportunidade de falar com ele?

– Ele passou algum tempo na ala psiquiátrica da prisão antes de trazerem ele de volta pro pavilhão. Acho que foi uma semana depois da primeira tentativa que nos sentamos para conversar no pátio.

– E ele disse por que tentou tirar a própria vida?

– Ah, sim – respondeu Tex –, falamos à beça sobre isso. O garoto tem só dezoito anos. Mas veja que loucura: ele me disse que foi porque a namorada não veio visitá-lo por duas semanas seguidas.

– O quê?! – exclamei. – Só por isso? Tex, você tá de sacanagem comigo? Não quer realmente que eu acredite que esse idiota tentou se matar só porque levou um bolo da namorada. Ele é maluco ou o quê?

– Não faço a menor ideia, cara. Só sei o que ele me disse. E ele me contou que ela também parou de escrever.

– E quanto tempo esse idiota ainda tem de pena para cumprir?

– Jarvis, você não vai acreditar. Esse garoto tem só mais onze meses de cana. Ele está cumprindo pena por *embriaguez*.

– Talvez seja a cela que está afetando o Alex, não?

– Duvido. Aquele garoto tem um monte de pessoas para quem escrever e mais aparelhos do que eu, que já estou em San Quentin faz quase oito anos – disse Tex, com inveja. – Aquele sujeito tem muito mais gente que realmente se importa com ele do lado de fora do que eu. Já mandaram uma televisão e um rádio para ele.

– Então qual é o problema dele?

– Olha, cara, sei tanto quanto você. A única coisa que sei é que fiquei sentado lá conversando com o cara por horas, compartilhando todas as minhas experiências e tentando dar a ele, você sabe, um motivo para viver.

– E ele ouviu?

– Ah, sim, ele ouviu, mas o que me irritou foi que, depois de tudo, ele virou as costas, quer dizer, *literalmente* virou as costas, e tentou se enforcar outra vez.

– Talvez ele só queira atenção.

– Bem, se é isso que ele tá procurando, pode ter certeza de que não vai encontrar em San Quentin. Que inferno! Isto aqui não é uma daquelas clínicas de reabilitação chiques.

– Mas ele chegou realmente perto de morrer nas duas vezes ou pareceu que não era pra valer?

– Ele com certeza tava levando a coisa a sério – garantiu Tex. – De acordo com o que ouvi por aí, o garoto realmente quer morrer!

– Que merda – falei, acendendo um cigarro.

Ficamos em silêncio, observando o Alex do outro lado do pátio de exercícios. Em qualquer outro lugar, ele pareceria um típico adolescente do ensino médio.

– Ei, Tex – falei, algum tempo depois. – Olhe só: vou chamar esse Alex aqui e tentar entender o que ele anda pensando, porque, se eu não fizer isso e ele acabar se matando, vou me sentir péssimo por nunca ter tentado.

– Não vai adiantar, Jay. Você sabe tão bem quanto eu que esse garoto vai fazer o que der na telha, então por que se dar o trabalho?

– Talvez você tenha razão, mas pelo menos vou poder dizer, como você, que tentei.

– Mas por que repetir tudo que eu já disse? Qualquer coisa que você disser vai entrar por um ouvido e sair pelo outro.

– Não, Tex, acho que não. Vou tentar uma abordagem diferente. E nós realmente não temos nada a perder.

– Como assim?

– Você vai ver. Apenas fique por perto enquanto eu estiver falando com ele, está bem?

– Tá, mas aposto o que você quiser que ele vai sorrir e assentir, da mesma maneira que fez quando tentei colocar algum juízo naquela cabeça oca. O garoto quer mesmo morrer.

– Bem, vamos descobrir.

Eu chamei o Alex para se juntar a nós.

– Como você tá, cara? – perguntei.

– Tô bem.

Ele me encarou com curiosidade, apoiando o ombro na cerca.

– Ei, saca só. Meu nome é Jarvis. O Tex me contou que você é o novato de quem todo mundo anda falando pela prisão, o que tentou se enforcar, então pensei que era melhor eu me apressar e me apresentar antes que você tente mais uma vez e consiga, sacou?

– Hã-hã – Alex fez que sim com a cabeça. – Saquei.

– Olha, amigo, não quero iludir você com um monte de bobagens, isso aqui é coisa séria, de verdade, tá entendendo?

– Sim, sim – murmurou Alex, parecendo entediado.

– Fiquei sabendo que faz pouco tempo que você está em San Quentin.

– Não, já tô aqui faz um tempão. – Alex se afastou da cerca. – Faz seis meses que fui preso.

– Tá, tudo bem! – Eu abri um sorriso. – Foi o que eu quis dizer. Pra mim, seis meses é pouco. Na verdade, tão pouco que se você fosse um bêbado, ainda estaria com bafo de álcool. Irmão, deixe eu lhe dizer uma coisa: ao contrário do Tex aqui, eu, pessoalmente, não dou a mínima para o que você faz. E pode tirar essa expressão de tédio da cara, mané. Você pode se matar hoje à noite que eu vou continuar roncando, tá ligado? Não estou nem aí! E a maioria dos prisioneiros neste lugar vai ter a mesma atitude. Não estamos nem um pouco preocupados com o que você faz ou deixa de fazer, entendeu?

Respirei fundo antes de continuar:

– Agora, fora isso, acho que você teve muita sorte de o Tex ter passado todo o tempo de pátio dele algumas semanas atrás tentando compartilhar a experiência dele aqui com você. Porque ele sabe por que é importante que você continue vivo.

– Ah, cara – disse Alex, tentando se explicar. – Eu entendi o que Tex disse naquele dia... Mas tô tendo uns problemas com minha namo...

– Opa! Pode parar por aí – balancei a cabeça, irritado. – Não precisamos falar sobre todos os porquês. Olha só: não sou como o Tex, não tô aqui pra convencer você a não se matar, nada disso! Na verdade, estava dizendo a ele que meio que queria que a sua cela fosse ao lado da minha quando você tentasse fazer essa idiotice novamente.

Alex ficou confuso.

– Como assim?

– Ele tá falando sério! – disse Tex. – Muito sério!

– Pode apostar! – falei. – Por que não estaria? Eu penso o seguinte: eu poderia ficar com toda a sua comida, seu café da manhã, seu almoço e aquele jantar quentinho, porque, bem, todo mundo sabe que não faz muito sentido comer na véspera de se matar. No necrotério, antes de embalsamarem sua carcaça jovem e idiota, eles vão abrir a sua barriga, tirar tudo e jogar fora de qualquer maneira. Então, se eu estivesse na cela ao lado, você não pensaria duas vezes em me passar toda a sua gororoba, né?

– Cara... – Alex hesitou por um segundo e engoliu em seco. – Eu não sei nada sobre essas coisas.

– É isso que eles fazem com todos os cadáveres. Mas, continuando, você não tem uma televisão e um rádio novinhos na sua cela?

– Hã-hã... Meus pais compraram pra mim.

– Bem, Alex, não quero parecer grosseiro, mas em vez de deixar tudo isso para a prisão, já que tudo que era seu fica com eles depois que você morre, por que não me deixa ficar com eles? Isso seria legal.

– Nem pensar, cara. A televisão e o rádio são meus.

– Como assim? Vai pedir que alguém coloque essas coisas dentro do seu caixão?

– Não – respondeu Alex. – Mas vou ficar com as minhas coisas.

– Você não tá entendendo, Alex. Não quero suas coisas *agora*. Não, estou falando de antes da próxima vez que você colocar a corda em torno do seu pescoço, pouco antes de chutar a caixa debaixo dos seus pés e ficar pendurado na grade da ventilação, se debatendo e chutando a parede dos fundos da sua cela, toda aquela saliva escorrendo da sua boca e aquelas grandes bolhas de catarro se formando no seu nariz.

Eu comecei a rir.

– Aposto que isso seria muito divertido de assistir... Só assistir aos seus pés tremendo, você ficando com o rosto roxo, depois ver você dependurado, mais morto do que a maçaneta de uma porta, na grade de ventilação... Que cena! Mas o que eu quero mesmo é aquela sua televisão. Então, novato, o que me diz?

– Cê é louco! – gaguejou Alex, os olhos arregalados, enquanto se afastava dando passos para trás. – Nem pensar, eu fico com minha televisão. Cê é louco!

– Pô, Alex! Qual é seu problema? Por que tá me chamando de louco? Eu nunca disse que suicídio era loucura. Quer dizer, o que parece certo para você está certo para mim também. Só quero ficar com a televisão. O que tem de errado nisso?

– Não, cara. Nem pensar! – Alex me encarou, aterrorizado. – Cê é doido. Não pode ficar com a TV.

Ele olhou ao redor, procurando um jeito de escapar.

– Ei! – falei. – Aonde você vai? Não terminei de falar com você!

– Estou vazando, cara – disse Alex. – Cê é doido. Doido de pedra.

– Antes que vá cuidar da sua vida, uma outra coisa: que tal esses tênis que você tá usando? Podia pelo menos me deixar ficar com *eles*.

– Nem pensar! – Alex olhou para os tênis. – Acabei de ganhar esse Nike na semana passada. Não pode ficar com eles de jeito nenhum.

– Duvido que sejam Nike. Vamos ver – falei, dando um passo na direção dele. – Uau, são *mesmo* Nike! – Agarrei Alex pelo casaco e o imprensei rapidamente contra a cerca. – Olha só, seu imbecil. – Meus olhos estavam a poucos centímetros do rosto amedrontado do garoto. – Você não sabe nada sobre o mundo. Tentar se matar... Você não sabe merda nenhuma... E quer saber? Como eu ainda tenho grandes planos para minha existência neste planeta, meu chapa, você vai me dar esses malditos tênis. Ei, Tex – falei, me virando para ele. – Tire os tênis desse idiota. Ele já é um homem morto mesmo, então que se dane. Tire os malditos tênis desse cara.

– Você tá falando sério? – perguntou Tex, incrédulo.

– Claro que sim! – gritei. – Esse idiota não vai precisar de tênis no lugar para onde quer ir.

Tex se abaixou para tirar os tênis de Alex.

– Não, por favor, não – implorou Alex. – Por favor, não pegue meus tênis.

– Cale a boca, idiota! – ameacei, me perguntando se Alex teria coragem de reagir.

– Me solta, cara! – gritou o garoto, me empurrando e cerrando os dentes como um animal selvagem até que eu cedi, deixando que ele se desvencilhasse. – Cê é completamente louco! – gritou ele enquanto fugia em disparada pelo gramado, os tênis desamarrados.

– Pô, cara, volte aqui! Ainda tenho algumas coisas pra dizer…

– Nem pensar! – gritou ele, olhando por cima do ombro.

– Bem, então se apresse e acabe logo com isso para eu poder assistir a um pouco de TV. Vai ser minha depois que você se matar. Então não demore muito.

– Quer saber? Vá pro inferno! – gritou Alex, cheio de coragem, do meio do pátio de exercícios. – Cê vai morrer antes de mim, seu desgraçado. E adivinhe quem vai ficar com a sua TV? *Eu!* Então você que se apresse, seu doido de pedra.

– Ah, é? Isso é o que nós vamos ver. – Eu me virei para Tex. – E aí, o que achou?

– Quer saber o que achei? – disse Tex, perplexo. – Acho que você ficou completamente maluco, falando praquele garoto sobre ficar dependurado na grade da ventilação, saliva escorrendo pela boca e uma bolha de catarro no nariz. Que nojo! De onde você tirou todas essas merdas?

– Nem sei, cara, mas eu precisava fazer ele acordar.

– Mas você tava falando sério? É isso que acontece quando alguém se enforca?

– Sei lá. Nunca vi ninguém se enforcar. Eu só queria dar àquele garoto uma razão para viver. E aí? Acha que ele vai tentar de novo?

– De jeito nenhum. Não viu os olhos dele? O cara estava se borrando de medo.

– Sério?

Dei uma risada.

– Com certeza! O garoto ficou com tanto medo de se matar que não duvido que viva mais que nós dois. O Alex quer viver... nem que seja para ver você morrer antes dele.

– Sabe de uma coisa, Tex? – falei, enquanto olhávamos para o pátio. – Aquele foi o melhor "vá pro inferno" que eu já ouvi.

MALUCOS

Quando a porta da cela bateu com força atrás de mim e eu me vi no lado sul do andar térreo da unidade de segurança máxima, não sabia o que esperar. A única coisa que sabia era que tinha sido transferido para o lugar que alguns chamavam de "o corredor dos loucos", e todos sabiam ser o pior lugar de San Quentin. Eu estava no pior do pior.

A cela fedia – em grande parte por causa de um grande rato morto boiando no vaso sanitário. Precisei dar várias descargas para mandá-lo embora.

– Ei, cara – sussurrou uma voz da cela ao lado. – Qual é o seu nome? Tem cigarro?

– Não – respondi. – Não tenho. Meu nome é Jarvis. E o seu?

– Joe. Eu estou na cela sessenta, bem ao lado da sua. Tem certeza de que não tem cigarro?

– Sim, tenho certeza – falei. – Bem que eu queria ter um! Então eles deixam vocês fumarem aqui embaixo, hein?

– Bem – respondeu Joe, hesitante –, não exatamente. Mas às vezes, bem de vez em quando, alguém enfia uma boa quantidade de fumo no cu antes de vir pra cá. Cara! Eu preciso de um maldito cigarro! Quem sabe uma bituca, hein?

– Eu gostaria de poder ajudar, Joe, mas realmente não tenho nenhum.

Era difícil acreditar que detentos tinham de fato levado fumo enfiado no ânus para lá. Em todos os meus anos em San Quentin, nunca tinha ouvido falar de ninguém que tivesse contrabandeado fumo assim!

– Ei, Joe! – berrou outra voz mais adiante no corredor. – Guarde para mim um pedaço desse cigarro.

– Quem é?

– Pô, cara! – disse ele. – Aqui é o velho Cal e o cachorro dele, Spot! Mande para nós a ponta desse cigarro.

– Ei, meu chapa! – gritou Joe do corredor. – Você acabou de ouvir meu vizinho dizer que não tem nenhum. Então me deixe em paz, merda!

– Olhe aqui, Joe! – retrucou Cal. – Meu cachorro não gosta de palavrões. Vá pegar eles, garoto… Morde eles!… Mate, cachorro, mate!

Cal latiu bem alto e soou real.

– Imbecil! – gritou Joe. – Eu mato você e esse maldito cachorro!

– Cala a boca! – interrompeu outra voz. – Sosseguem o facho, seus malucos.

– Ah, Urso Furioso – disse Joe –, é melhor você calar a boca também. Não vai começar a criar confusão! Sou eu quem manda aqui.

– Cara, você é só papo – disse Urso –, tentando agir como se tivesse alguma autoridade, só porque tem um novo vizinho e está doido para dar uma tragada. Só isso.

– Ei! – gritou Joe. – Você vai ver uma coisa, seu imbecil…

Eles ficaram gritando um com o outro, e pareceu que todo o corredor tinha enlouquecido. Então, enquanto limpava minha cela, fui conhecendo meus vizinhos. Ouvi o nome de todos ao menos uma vez, fiquei sabendo o que eles acusavam um ao outro de ter feito para ir parar na prisão, quais remédios psiquiátricos estavam tomando e quais deles eram racistas.

Mas, apesar de tudo isso, eles gostavam daquele corredor. Não havia regras; não havia nem sequer diferença entre noite e dia. Eles podiam ser tão loucos quanto quisessem, dizer o que quisessem, fazer o que quisessem e desrespeitar quem lhes desse na telha, inclusive os guardas, que sabiam que era inútil registrar queixas disciplinares por causa de qualquer violação das regras da prisão. De certa forma, aquele corredor pertencia aos detentos, e ninguém se opunha a isso.

De onde vieram todos esses malucos?, eu me perguntei. No início, parecia que todos berravam, mas conforme prestava atenção, percebi que apenas seis ou sete dos dezessete detentos daquele corredor estavam gritando.

As pequenas janelas quadradas no alto das paredes ficavam abertas cerca de trinta centímetros. Esse era o máximo que abriam. Estavam lá mais pela ventilação do que para que a luz entrasse ou para que se pudesse ver a paisagem lá fora. Apenas ficando de pé na laje de concreto que era minha cama eu conseguia saber se era dia ou noite. A grade que cobria as janelas fazia com que olhar para fora fosse desagradável; a impressão era de que havia barras no céu. A vista nada mais era do que uma forma de estimar as horas.

Eu não sabia quanto tempo havia levado para me adaptar às minhas novas condições de vida ou quanto tempo aquela gritaria já durava quando me voltei para a frente da minha cela e vi um velho perambulando pelo corredor. Ele parecia perdido. O jaleco azul-claro, a touca vermelha e os tênis me intrigaram. Com certeza, não era um dos guardas. Todos os agentes penitenciários usavam uniforme verde. *Quem diabos é esse cara?*, me perguntei. *E como ele pode estar tão perdido, de pé no meio do pavilhão mais seguro de San Quentin?*

Cercado pelo que parecia ser a balbúrdia de um estádio de futebol, o velho se aproximou da minha cela.

– Olá, detento da cela 59. – Ele pareceu satisfeito ao dizer isso. – Por favor, me perdoe, mas esqueci meus óculos esta manhã e estou com dificuldade de localizar os números das celas. Como está se sentindo hoje? –

perguntou ele, e em seguida continuou falando: – Tenho umas coisas novas para você. Recebi seu recado sobre os efeitos colaterais, então quero que experimente estes aqui.

– Peraí! – interrompi. – Cara, tem certeza de que está falando sobre mim? Quem é você, aliás? Acho que está na cela errada.

– Eu sou um dos psiquiatras da prisão. Esta é a cela 59, não é? – Em seguida, dando um passo para trás e apertando os olhos para ver o número acima, ele sorriu. – É, é sim! Eu recebi seu recado sobre os efeitos colaterais do Amplictil. Muitas pessoas não gostam dele, mas, tome, quero que experimente estes aqui.

O psiquiatra enfiou a mão no bolso do jaleco e tirou de lá várias seringas coloridas. Fiquei perplexo. Nunca achei que veria um psiquiatra carregando seringas no bolso do jaleco.

– Nossa, estas aqui vão definitivamente fazer você se sentir bem, mas não são indicadas agora. O que eu tenho para você – murmurou ele –, vamos ver... Devem estar num dos outros bolsos...

Dessa vez, o psiquiatra enfiou a mão no bolso da calça. Eu não conseguia acreditar no que estava vendo. Era assim que o governo distribuía drogas legais?

– Ahhh! Aqui estão! – disse ele, por fim, olhando para um punhado de pílulas. – Uau... todas essas guloseimas deliciosas! É claro que não pode ficar com todas elas... Não é o que queremos, não é? Mas esta belezinha aqui, tenho certeza, é a certa para você.

– Espere! Espere aí, doutor! – pedi. – Eu não estou tomando nenhuma medicação... Pelo menos, acho que não. Você deve ter se enganado de cela. Tem certeza de que está falando com a pessoa certa, cara?

– Hum... – O psiquiatra hesitou. – Há quanto tempo você está nesta cela?

– Horas, doutor! Apenas algumas horas!

– Qual é o seu sobrenome e o seu número?

– Masters, C-35169 – respondi rapidamente.

– Ah! Muito bem, então! – disse ele, verificando uma lista retirada de mais um bolso.

Comecei a me perguntar sobre os bolsos do psiquiatra. Tudo que ele havia tirado dos bolsos até aquele momento tinha me deixado apavorado.

– Hum, meu paciente deve ter sido transferido – concluiu o médico, coçando a bunda. – Mas como você está? Todo o barulho aqui deve deixá-lo nervoso. Se quiser, posso lhe receitar alguma coisa enquanto estiver aqui, para que consiga dormir à noite.

– Não, não! – falei. – Eu estou ótimo, doutor!

– Bem, vamos ver... – disse ele, enfiando a mão num dos bolsos da calça. – O que acha desta pilulazinha azul aqui? É Mellaril. Mas eu também tenho... vejamos, Prolixin e Cogentin. Mas estes aqui – admitiu ele, com um franzir de testa típico dos médicos –, não tenho tanta certeza. A maioria prefere as pílulas azuis de Mellaril ao Sinequan – continuou, quase como se falasse consigo mesmo. – Eu concordo totalmente! Então... vamos começar por este, e você me diz como se sente. Eu costumo vir aqui duas vezes por semana. Você tem um copo? – perguntou ele. – Porque preciso ver você tomando a medicação.

– Não, doutor! – falei. – Caramba, qual parte de "não" o senhor não entendeu? Esses negócios que tem aí são para pessoas loucas, e eu não quero nada disso.

– Bobagem! – retrucou ele. – É claro que quer. Tome, tome duas.

– Não! Não! Por que não pega seus bolsos cheios de seringas e pílulas e vai para outro maldito lugar?

– Ah – disse ele –, não precisa ser insolente!

– É claro que preciso, o senhor não está me ouvindo.

– Muito bem, então. Sinto muito não ter conseguido ajudá-lo hoje. Mas voltarei a este corredor mais pro fim da semana, então, se precisar de ajuda para dormir ou qualquer outra coisa, é só me dizer. A propósito, por acaso você tem uma televisão?

60 ENCONTRANDO A LIBERDADE

– Por quê? – berrei na cara dele.

– Antigamente – explicou ele –, antes de os detentos terem televisão dentro das celas, todos pediam para me ver. Hoje é diferente. É uma pena. Uma grande pena.

E o médico se afastou pelo corredor.

Não muito tempo depois que fui transferido, o carrinho que trazia a refeição da noite surgiu no corredor. Os guardas começavam pelas celas do final e iam percorrendo o corredor até o início. Destrancavam a portinhola por onde a comida era entregue em cada cela e davam ao prisioneiro qualquer porção de comida que ele quisesse do carrinho. Naquele dia era comida mexicana, a minha favorita.

Quando o carrinho estava a apenas algumas celas de distância da minha, vi uma mão se projetar para fora de uma das portinholas e atirar um copo de urina e fezes na cara dos dois guardas que serviam a comida. Demorei alguns segundos para acreditar no que meus olhos estavam vendo, e o que meu nariz, sentindo. O guardas ficaram estáticos, o rosto pingando, as espátulas de servir comida ainda na mão. Então uma risada maníaca quebrou o silêncio.

– Comam a minha merda! Eu guardei de ontem, quando vocês, babacas, não me deram papel higiênico. Agora vocês dois podem comer tudinho!

– Você vai pagar por isso – disse um dos guardas calmamente, e os dois saíram apressados do corredor empurrando o carrinho de comida.

– Agora você conseguiu, Walter! – disse Joe. – Eles vão voltar e espancar você como fizeram com Rodney King!

– E daí? Estou precisando mesmo de uma surra. – Ele começou a rir. – Vocês viram aquilo? Aqueles dois idiotas ficaram cobertos de merda. Fiz isso por vocês também.

– Você fez isso por conta própria! – gritou Joey. – Nós não pedimos papel higiênico ontem. Então não tente nos envolver nisso. Já basta você ter estragado toda a maldita comida.

Malucos 61

– Ei, Joe, quer dizer que não vamos comer? – perguntei.

– Se quiser a comida de um carrinho coberto com a merda do Walter, sim.

– Você não tá falando sério, tá?

– Olha, cara, aqui embaixo nós somos só um bando de malucos. Não vamos comer nada hoje! Essa é a verdade... a não ser que você queira comer o cocô do Walter!

– Ei, peraí! – exclamou Walter. – Nada do que eu joguei caiu no carrinho de comida; foi tudo em cima dos guardas.

– Cara, que mentirada do inferno! – gritou Joe. – Aquela merda maldita caiu em tudo... Espero que eles arranquem todos os seus dentes, babaca.

Cerca de uma hora mais tarde, ouvi o que parecia ser um exército de guardas se preparando para entrar no corredor: ouvi muitas chaves tilintando, os escudos dos guardas retinindo e a grande maca de plástico para emergências chocalhando ao ser tirada da parede.

Então uma dezena de guardas passou marchando diante da minha cela paramentados dos pés à cabeça, com capacetes, cassetetes e escudos protetores junto ao peito. O sargento da unidade tinha uma arma de choque, e vários outros guardas carregavam armas com balas de borracha, capazes de incapacitar seriamente uma pessoa.

Eles se reuniram diante da cela de Walter. Ao me aproximar das grades da minha cela, consegui ver o local onde estavam no corredor. O sargento da unidade tinha aberto a portinhola de comida e ordenava que Walter se aproximasse imediatamente da porta da cela para ser algemado.

– Vai aceitar as algemas? – perguntou ele.

A resposta de Walter foi rápida.

– Sim, senhor! Não quero problemas. Vou cooperar. Não vou resistir.

– Sua resposta não foi rápida o suficiente – disse o sargento.

Ele se afastou para que o atirador ficasse com a mira livre pela portinhola da cela de Walter. Os estouros da arma pareceram disparos de uma arma de fogo. Pou! Pou! Então a porta elétrica da cela se abriu e os guardas entraram correndo. O corredor inteiro ouviu a surra e os gritos de Walter. Eu senti o cheiro de sua pele sendo queimada pela arma de choque.

Eles continuaram a bater em Walter até seus gritos cessarem e os chutes e socos passarem a soar como baques surdos num cadáver.

– Coloquem ele na maca! – ordenou o sargento.

Os guardas arrastaram Walter para fora. Eles o empurraram para a maca usando apenas as botas, a apenas alguns metros da minha cela. Havia sangue por toda parte. A onda de adrenalina parecia ter passado. Os guardas provavelmente estavam pensando no HIV e não queriam ter contato com o sangue de Walter, embora muitos já tivessem os uniformes manchados de sangue.

Finalmente colocaram Walter na maca, em seguida a ergueram. Quando começaram a se mover pelo corredor, um dos guardas falou:

– Esperem um minuto – ordenou ele, pegando alguma coisa do chão. – Aqui estão alguns dos dentes do desgraçado – disse, e os atirou na maca.

Nunca vou esquecer o som que os dentes fizeram, como dados sendo atirados contra uma mesa de madeira.

Não houve nenhuma outra testemunha do que aconteceu além de nós, os "malucos". Pelo que percebi, nenhum dos outros deu a mínima para o ocorrido. Mais tarde, guardas limparam o sangue do chão e todos voltaram para a rotina de berrar uns com os outros. Ninguém perguntou sobre o jantar.

Certa noite, enquanto escurecia e eu apenas desejava uma noite tranquila, algo aconteceu.

Senti cheiro de fumaça vindo do corredor. Finas espirais cinza vazavam das "celas silenciosas", as seis últimas do corredor, usadas para confinamento solitário. Elas são chamadas de "silenciosas" porque são reforçadas com uma porta de aço e não há janelas. A ideia não é que sejam silenciosas para o detento, mas para impedir que os sons produzidos pelo detento, como gritos, sejam ouvidos. A água é racionada; a cada oito horas, a água da pia e do vaso sanitário é ligada por um breve período e em seguida desligada novamente.

Parado diante das barras da minha cela, vi labaredas saindo de uma das celas silenciosas. A fumaça começou a se adensar.

Eu não sabia ao certo quais eram as regras para os detentos ali. Não sabia se devia ficar na minha ou fingir, como todos os outros pareciam estar fazendo, que não havia nada acontecendo.

Quando ouvi uma pessoa gritando por socorro, tentei berrar mais alto que o barulho no corredor para alertar os guardas, avisar que havia um incêndio numa das celas silenciosas. Eu tinha certeza de que todos sentiam o mesmo cheiro que eu e não entendia por que ninguém estava fazendo nada. *Eram malucos*, pensei. *Era por isso.*

Em seguida veio o cheiro terrível de tinta queimada. As grossas camadas de tinta nas paredes daquela velha prisão estavam sendo consumidas pelo fogo. Abafei minha tosse com o travesseiro.

– Ei, Joe – falei, quase sufocando. – Não está sentindo cheiro de fumaça lá no fim do corredor?

– É, é aquele idiota do Jack Marbol, na cela 63. Ele está tentando sair. Ele só quer dar um passeio noturno até o hospital… para ver as enfermeiras bonitas.

– Ele vai morrer lá dentro! – retruquei. – Não acha que é melhor chamarmos os guardas?

– Não – respondeu Joe. – Se você chamar, ele vai fazer a mesma coisa na semana que vem, e todos nós vamos sufocar com a fumaça novamente. Da última vez que ele pôs fogo na cela, todos nós ajudamos a chamar os guardas, mas avisamos que, se ele fizesse essa merda de novo, íamos deixar ele morrer!

– Quantas vezes ele já fez isso? – perguntei.

– Jack faz isso toda semana, cara. Vai acabar matando todos nós um dia. Mas desta vez vai aprender uma lição.

– É, morrendo, se nós não o ajudarmos.

– Que nada, o cara vai ficar bem – garantiu Joe. – Não se preocupe, mais cedo ou mais tarde os palhaços vão sentir o cheiro da fumaça, vão vir até aqui e arrastar o traseiro gordo dele para fora da cela.

Assim que Joe terminou de dizer isso, dois guardas surgiram no corredor. Eram os mesmos que tinham sido atingidos pelos excrementos, então não fiquei surpreso por eles não estarem com muita pressa. Os dois percorreram o corredor, fazendo a contagem habitual. Quando chegaram perto do fogo, pareceram ignorá-lo e em seguida saíram andando, como se dissessem: "É melhor que morra logo".

Minutos depois, no entanto, voltaram equipados com máscaras de gás e empunhando pequenos extintores de incêndio.

– Tem mais fumaça que fogo – disse um deles, acionando o extintor na cela tomada pela fumaça.

Eu não conseguia ver nada. A única coisa que consegui ouvir foi um dos guardas gritando:

– Ei, Jack Marbol. Vamos lá, cara… se quiser sair dessa cela, vai ter que deixar que um de nós dois o algeme. Venha até a frente. Isso… mas perto das barras… Preste atenção! Não podemos tirá-lo daqui se não nos deixar algemá-lo.

A atitude de alguns dos carcereiros é serem duros com os prisioneiros supostamente valentões e serem mais gentis com aqueles que "cooperam". Ao que parecia, Jack Marbol ia receber o tratamento gentil naquele dia.

– Muito bem – disse o outro guarda. – Mais perto… isso. Sofreu alguma queimadura? Vamos tirar você daqui logo, logo. Abrir a cela 63! – gritou ele para o guarda que controlava o portão elétrico.

– Abrindo cela 63! – gritou de volta o guarda responsável por acionar o portão. Ele abriu a porta da cela. Um minuto se passou.

Malucos 65

– Fechar a cela 63! – gritaram os guardas.

– Fechando cela 63! – veio a resposta.

– Pronto – disse um dos guardas para Jack Marbol, e eu vi que eles o estavam segurando pelos braços.

– Ei! Ei! Calma... calma... deixe que eu levo você... cuidado onde pisa.

Eu observei Jack Marbol, vestindo apenas a cueca, esforçando-se para andar. Então ele desabou no corredor, bem em frente à minha cela. Ficou de joelhos e vomitou. Seu corpo e seu rosto pálidos estavam cobertos de fuligem negra, como os de um mineiro preso numa mina. O corredor inteiro começou a rir sem parar, e alguns detentos disseram que desejavam que Jack Marbol morresse ali mesmo.

Quando olhei nos olhos dele, vi um brilho de insanidade. Não importava quanto os outros rissem ou o que desejassem, eu jurei que, mesmo no meio daquele bando de malucos, eu nunca ia perder a minha sanidade. Torci para que Jack Marbol, um prisioneiro como eu, ficasse bem.

TREZE SESSENTA E OITO

– Aquele maldito psiquiatra realmente gosta de me tirar do sério – disse Milton, falando sozinho na cela ao lado. E depois se dirigiu a mim: – Ei, Jarvis, você ouviu o que ele me perguntou?

– Não, não ouvi – respondi, deitado na cama. – Ouvi apenas fragmentos. Estou muito concentrado neste livro.

– Cara, você acredita que aquele velhote teve a coragem de chegar na surdina e simplesmente ficar parado na frente da minha cela, sem dizer uma palavra, apenas olhando para mim com aqueles olhos estranhos dele, como se eu fosse louco – reclamou Milton.

– De quem você está falando? – perguntei, tentando acompanhar a história do livro.

– Aquele médico, pô! – gritou Milton. – Esqueci o nome dele, mas você com certeza já o viu por aqui. É aquele sujeito que fica andando pela prisão usando um jaleco velho e sujo, dois números menor, com um cachimbo manchado que nunca está aceso na boca. Ele nunca acende aquele maldito cachimbo.

– É, sei quem é. – Eu sorri. – Então, o que ele andou perguntando?

– Cara, ele fica me perguntando umas paradas muito doidas. Toda semana, já faz um mês, ele vem até aqui, fica parado no corredor e diz: "Como está, Milton? Está sendo bem tratado? Precisa de alguma coisa para ajudá-lo a dormir?". Coisas assim. Quero saber qual é o maldito problema dele.

– Bem, não sei, talvez ele só esteja querendo saber como você está.

– Não, não é isso. Ele está tentando manipular minha *mente*! – gritou Milton. – O filho da mãe está tentando brincar com meu maldito cérebro. Ele já acha que eu sou um treze sessenta e oito.

– Você é um o quê?

– Um treze sessenta e oito. É um código que eles usam em todos os tribunais nos quais já estive para dizer que uma pessoa é louca.

– Bem, e o que você acha? Você acha que é louco? – perguntei.

– Não. – Milton hesitou. – Não para os padrões de San Quentin. Cara, depois de viver nesta prisão por onze anos, e a maior parte deles em isolamento, não posso ser mais insano do que esta prisão… ou do que aquele psiquiatra. Ele está aqui há bem mais tempo que eu. Dá pra ver na cara dele.

– O médico volta para casa todos os dias – observei. – Mas e você, Milton, acha que poderia viver lá fora, em sociedade?

– Nem pensar! – Milton pareceu insultado. – Cara, você não sabe que nos últimos onze anos eu vivi como um bicho enjaulado? Já fui caçado, levei tiros e golpes de cassetete, fui espancado com porretes, asfixiado, enforcado, levei choques, fui cortado, e esfaqueado quatro vezes!

– Caramba, é sério? – Deixei meu livro de lado. – Está falando sério?

– Tô falando sério pra caramba! Olhe que isso não é nem metade do que já passei aqui. Já fui atacado, pisoteado, cuspido… arrancaram alguns dos meus dentes a chutes e quebraram algumas costelas. Já atiraram mijo e merda na minha cara. Já me atiraram bombas de fósforo e bombas incendiárias, fui eletrocutado e alvejado por dardos tantas vezes que nem consigo contar… certa vez fui até envenenado. Depois fui espancado, empurrado, arrastado e atirado para dentro e para fora desses buracos de isolamento tantas vezes que a sensação era de que tinha visto este mundo de merda chegar ao fim.

– Bem, e o que acontece quando já se viu o fim do mundo? – perguntei.

– Nada, cara! Foi nesse momento que me dei conta de que isto aqui só pode ser o inferno, e quer saber de uma coisa? – Milton soltou uma risada raivosa. – Eu estava certo. Isto aqui é o inferno. Isto aqui é o próprio inferno na Terra.

– Então por que não quer ir embora? – perguntei. – Não faz muito sentido ficar no inferno, faz?

– Ah, mas eu quero ir embora daqui, sim – disse Milton. – Cara, mal posso esperar para sair. Sim, senhor, é só eles me soltarem e, meu irmão, ah, meu irmão, quando isso acontecer, fiz apenas uma promessa a mim mesmo: não fazer nada que não tenham feito comigo. Entende o que quero dizer, cara? Ei, saca só: uma troca justa não pode ser considerada roubo. É! Não mesmo.

Milton bateu com o punho na palma da mão.

– Uma vez perguntei ao psiquiatra – continuou ele – por que todos têm tanto medo de eu ser solto.

– E o que ele disse?

– Que eles têm medo porque eu vou ser libertado muito em breve... mês que vem.

– Peraí, você vai ser solto no *mês que vem*?

– Pode crer! – Milton deu uma risada, batendo o punho contra a palma da mão com mais força. – Pode crer! Pode crer!

Ele continuou repetindo "Pode crer!" no mesmo ritmo em que batia com o punho.

A VISITA AO NINHO DE AMOR

A CELA DE HERBERT ESTAVA vazia havia três dias quando ele finalmente voltou para o corredor do segundo andar.

– Como foi, cara? – perguntei ao ouvir a porta da cela se fechar depois que ele entrou.

– Fala aí, irmão! – disse Herbert. – Foi bom. Na verdade, não poderia ter sido melhor. Só que umas coisas loucas aconteceram na primeira noite. Mas conto tudo para você mais tarde… Me dê apenas alguns minutos para eu poder guardar as minhas coisas e arrumar um pouco a cela.

– Me avise quando tiver terminado – falei, animado ao pensar em como teria sido a primeira visita conjugal do meu vizinho de cela.

A esposa dele, Joyce, com quem vinha se correspondendo havia oito anos e com quem se casara na prisão apenas um ano antes, era a primeira mulher com quem Herbert tinha estado em mais de treze anos.

– Ei, Jay – chamou Herbert mais tarde. – O que eu posso dizer além de que essas visitas ao ninho de amor são muito legais?

– Então você gostou, hein? – Eu sorri. – Conte tudo. Ficou nervoso? Cara, aposto que você ficou nervoso.

– Fiquei nervoso pra caramba – respondeu Herb. – Cara, fiquei tão paranoico enquanto caminhava até aqueles trailers que estava torcendo para alguém dizer que a visita tinha sido cancelada.

– Sério, Herb? – Eu dei uma risada e me aproximei da frente da minha cela. – E o que aconteceu quando você chegou lá?

– A Joyce já estava lá e, quando eu entrei, ela disse: "Oi, amor, está feliz em me ver?".

– E o que você respondeu?

– Ah, cara, eu apenas sorri e disse que estava muito feliz. Então nós nos abraçamos e o guarda que estava fazendo a minha escolta nos deixou a sós.

– Ah, é? E depois, o que aconteceu, Herb?

– Bem, a Joyce tinha um panfleto nas mãos. Ela disse que os guardas mandaram a gente ler. Eram só regras, tudo que pode e tudo que não pode.

– E o que as regras diziam?

– Droga, já até esqueci. Eu nunca fui bom em me lembrar de regras. Eu só disse para a Joyce: "Querida, vamos sentar e ler essas regras para sabermos o que vai acontecer…". Estava tentando acalmar a mulher. Porque ela já começou imediatamente a mordiscar o meu pescoço e querer fazer amor. Ela não perdeu tempo, cara. Nem um segundo!

– Sério? – falei, ainda rindo. – Então você não estava preparado, né?

– Preciso confessar uma coisa, cara. – Herbert se animou e se aproximou da frente da cela. – Você *sabe* que eu não estava preparado! Merda! Só de estar sozinho com aquela mulher, sem nenhum guarda por perto, já era assustador o suficiente.

– Poxa, cara! – brinquei. – Achei que vocês iam passar três dias e três noites fazendo amor pra valer… Não foi isso que você disse antes de ir? Eu sabia que esse seu traseiro velho ia acabar dando pra trás. E o que aconteceu depois?

– Bem – disse Herbert –, depois de mais ou menos uma hora lendo aquelas malditas regras…

A visita ao ninho de amor 71

– O quê? Peraí, vocês passaram uma hora inteira lendo *regras*, Herb? Qual é o seu problema, cara? Você não lê nenhuma regra desde que chegou a San Quentin... e aí você sai em nada menos que a sua lua de mel e fica lendo regras. Ficou maluco, cara?

Herbert riu.

– Jay, você simplesmente não faz ideia de como foi estar naquele trailer enorme... devia ter cinco vezes o tamanho da nossa cela. Merda, o que você faria sozinho num lugar tão grande assim depois de treze anos? Eu realmente achei que ia chegar lá e ter uma noite ardente com a Joyce como eu falei pra você... mas, cara, naquele primeiro dia, foi muito esquisito. Mesmo com a Joyce tentando me convencer e querendo aproveitar o tempo que tínhamos juntos, fiquei com medo de estar com aquela mulher depois de todos esses anos só tocando uma bronha, merda... tá me entendendo? Acho que a verdade verdadeira é que eu nem consegui ficar de pau duro. Dá pra acreditar? E eu definitivamente não ia tirar a roupa e deixar a Joyce ter a visão em primeira mão do meu pau mole.

Todos os detentos do corredor que estavam ouvindo nossa conversa começaram a rir com a explicação sincera de Herbert.

– De jeito nenhum! – continuou ele. – Eu tinha passado anos me gabando para a Joyce sobre como eu era um garanhão, sobre como eu ia deixá-la doidinha e fazer amor pra valer com ela se tivéssemos oportunidade. Você não se dá conta de como seria vergonhoso tirar a roupa e meu pau não estar duro?

– Tudo bem, Herb. Eu entendo. – Tentei não rir. – E o que aconteceu depois, parceiro?

– Bem, não aconteceu muita coisa! – admitiu Herbert. – Quando a Joyce e eu terminamos de guardar toda a comida que ela tinha levado para nossa estadia de três dias, ficamos de bobeira por uma ou duas horas, só conversando, abraçados. E durante esse tempo, eu fui começando a relaxar. Então acabamos nos entendendo e, sabe, nos beijamos e rolamos naquela cama enorme. Cara, muito melhor do que os beliches da prisão.

– É, pode apostar! Então agora você estava pronto, né, garanhão?

– Ah, sim, eu estava. – Herbert começou a se gabar, de pé diante da porta da cela. – Cara, quando fiquei por cima da Joyce, meu pau estava mais duro que as barras desta cela. Então, cara, assim que fechei os olhos e peguei um bom ritmo, alguma coisa dentro daquela mulher agarrou meu pau e o apertou como se tivesse dentes. Tomei um susto daqueles. Dei um grito e pulei para longe da mulher, tentando me afastar o mais rápido possível daquela maldita cama. E, caramba, aquela cama é larga pra dedéu. Merda, pareceu até que eu tive que nadar mais de um quilômetro para sair dali. Eu fiquei completamente em pânico, segurando meu pau, tentando colocar os pés no chão para dar o fora dali.

– Você só pode estar de sacanagem, Herb. – Nesse momento, o corredor inteiro começou a rir. – Cara, você não pode tá falando sério.

– Eu juro por Deus! – retrucou Herbert. – É a verdade verdadeira. Aí, saca só: a Joyce olhou pra mim, deitada bem longe, lá do outro lado da cama. E com aquela voz doce dela, disse: "O que houve, amor?".

"'O que houve?', repeti, parado junto da porta do quarto, completamente nu. 'Mulher, o que diabos você tem aí dentro?'

"A Joyce disse: 'Foi isso que fez você pular desse jeito? Caramba, amor, achei que era seu coração ou algo assim.'

"Eu disse: 'Agora é o meu coração, mas um segundo atrás era você! O que foi aquilo?'

"E ela disse, tentando não rir: 'Eram os meus músculos. Querido, olhe só pra você, está todo suado. Está passando mal?'

"'Estou ótimo', respondi. 'Isso não são músculos, amor. Só pode ser outra coisa. Nunca na vida eu senti músculos assim.'

"'Isso é porque nunca na vida você teve uma mulher como eu', disse a Joyce, zombando da minha cara enquanto eu ainda devia estar com uma expressão de quem estava morrendo de medo.

"'Ah, tá, quero ver então! Amor, não vamos fazer nada até eu ter certeza', eu disse para a Joyce, andando na ponta dos pés até o lugar em que ela estava deitada e tentando espiar entre as pernas dela feito um imbecil."

O corredor inteiro estava gargalhando, inclusive alguns guardas.

– Mas querem saber de uma coisa? – disse Herbert, esperando que as coisas se acalmassem. – Vocês não fazem ideia de como eu me senti idiota por ter esquecido como era fazer amor com uma mulher. Mas, cara, esta prisão faz isso com a gente. Só fiquei feliz porque a Joyce levou tudo na esportiva e achou a situação ainda mais engraçada do que todo mundo aqui.

Então, Herbert concluiu sua história.

– Na manhã seguinte, depois que a Joyce e eu nos levantamos e enquanto estávamos preparando o café da manhã, ela ficou me olhando do outro lado da mesa, como se tivesse algo errado. Aí notei que a Joyce estava tentando beber o café, mas, cara, toda vez que levava a xícara aos lábios, ela começava a rir. Durante dois dias inteiros, aquela mulher não parou de rir. Ela ria tão alto que bastava olhar para mim e as lágrimas rolavam por seu rosto.

É CURIOSO COMO O TEMPO VOA

– Ei, Bunchy, onde você conseguiu esse relógio bacana? – perguntei. Nós estávamos de pé num grupo junto à cerca do pátio de exercícios numa manhã muito fria. – Quero dar uma olhada.

– Aquele rapaz que todo mundo chamava de Detroit me deu antes de voltar para casa – respondeu Bunchy.

– Sério, cara?

– É, ele se lembrou do veterano aqui e me deu este relógio.

– Bem – disse Motown, olhando para o relógio de Bunchy –, com certeza é muito melhor do que aquele Timex do Mickey Mouse todo detonado que você tinha. Cara, vocês sabiam que quando eu vim para esta prisão, onze anos atrás, o Bunchy já usava aquele mesmo relógio velho? Aquele troço devia ter uns cinquenta anos.

– Não, não era tão velho – retrucou Bunchy.

– É, eu tô ligado – falei. – Ele também estava usando quando nos conhecemos, e isso foi há dez ou onze anos. Caramba, Bunchy, já estava na hora de você colocar alguma coisa nova no pulso, e esse é um daqueles relógios de quartzo também.

É curioso como o tempo voa 75

– Agora eu só preciso de uma bateria – disse Bunchy. – Aquele garoto, o Gus, ficou de me trazer uma em alguns minutos.

– Quem é Gus? – perguntei.

– Você sabe quem é o Gus, aquele rapaz que veio para cá porque violou a condicional, aquele que vocês ficam dizendo que é meu filho, um sujeito magrelo que fala com a voz *aguuuuda* e está sempre com cara de assustado.

– Ah, sei, sei – falei. – E lá vem ele.

Todos nós nos viramos e olhamos para o outro lado do pátio de exercícios.

– Ei, Gus! – chamou Bunchy. – Conseguiu a bateria?

– Consegui, cara. Tá aqui.

– Beleza. Obrigado.

– Sem problema. Eu falo com você mais tarde. Tenho que ir trocar uma ideia com algumas pessoas.

– Hum… – disse Bunchy, olhando para o relógio. – E agora como é que eu faço para colocar essa maldita bateria minúscula aqui dentro?

– É fácil – falei. – Deixe eu dar uma olhada no seu relógio. Você tem que abrir a parte de trás, assim, acho.

– Você *acha*?! Como assim, *acha*? Por favor, não vá estragar meu relógio novo, hein, Jay!

– Não vou estragar nada, cara. Você tem que abrir ele bem aqui. Está vendo, agora está aberto – expliquei.

– Jay – interveio Motown –, deixe que eu faço isso. Dá pra ver que você não tem ideia do que tá fazendo.

– Aqui – falei, entregando o relógio a ele. – Mostre como se faz então.

– Tudo bem, passe a bateria pra cá – pediu Motown. – É assim que se faz. Você pega essa bateriazinha… merda, qual é mesmo o lado dessa coisa que fica pra cima?

– Cara, você também não tem ideia do que está fazendo! – reclamei.

– Vou dar uma olhada de novo; eu conserto.

76 ENCONTRANDO A LIBERDADE

– Eu sei o que estou fazendo! – insistiu Motown. – Só espere, me dê um minuto.

– Motown, você está forçando a bateria. Não deveria estar forçando a bateria desse jeito.

– Eu não estou forçando.

– Está sim, está colocando a maldita bateria do lado errado. Vai acabar quebrando.

– Pronto, pronto, já coloquei – e Motown nos mostrou a bateria no relógio. – Viram só, eu disse a vocês que sabia o que estava fazendo.

– Provavelmente está quebrado – falei.

– Nada, não está quebrado. Vai funcionar. Agora só preciso colocar a capinha de volta. Deve estar funcionando agora – disse Motown.

– Devolva o meu relógio! – bradou Bunchy. – Eu tenho certeza de que está quebrado. Estão vendo? – disse ele, colocando o relógio junto ao ouvido. – Eu disse que vocês iam quebrar. Eu não consigo ouvir merda nenhuma. Não está fazendo tique-taque. Eu não consigo ouvir o tique-taque. Vocês estragaram o maldito relógio.

– Eu? Não me meta nisso. Não fui eu – falei. – Foi o Motown, ele que fez besteira. Eu disse que ele ia fazer besteira. Dê aqui – e segurei o relógio junto ao ouvido. – É, tem razão. Não está fazendo tique-taque. Não consigo ouvir nada. Motown, você quebrou o relógio novo do Bunchy.

– Ei, cara, não me venha com essa. Não quebrei droga nenhuma. A bateria é que deve estar ruim. Passe pra cá. – Eu entreguei o relógio a ele. – É, essa bateria deve estar descarregada, porque também não estou ouvindo tique-taque.

– Apenas me devolvam meu maldito relógio – pediu Bunchy. – Eu deveria saber que vocês não tinham ideia do que estavam fazendo. Merda, vocês todos estão nesta penitenciária há tanto tempo quanto eu e não sabem nada sobre essas merdas tecnológicas.

É curioso como o tempo voa 77

– Cara, é a bateria – insistiu Motown. – Essa bateria deve estar ruim. Você deveria perguntar àquele fedelho do Gus se essa bateria está funcionando ou não.

– Ei! Ei, Gus! – gritou Bunchy, irritado, para o outro lado do pátio de exercícios. – Venha cá, cara. Venha cá agora!

Motown e eu rimos.

– E aí? O que foi? – perguntou Gus, parecendo assustado.

– Você me deu uma bateria que não funciona?

– Claro que não, Bunchy, essa bateria é novinha. Comprei tem uma semana. Está funcionando, Bunchy.

– Bem, deve ter alguma coisa errada com ela, porque o meu relógio não está funcionando. Eu não consigo ouvir o tique-taque, e eu sei que não é o relógio que está quebrado.

Gus se voltou para o restante de nós e começou a rir.

– Qual é a graça? Tem alguma coisa engraçada? – perguntou Bunchy, irritado.

– Não, na verdade não tem graça nenhuma – disse Gus. – Mas, cara...

– Cara o escambau! – disse Motown. – Desembuche, rapaz! Qual é o problema?

– Bem, é mais ou menos assim – explicou Gus. – Vocês estão todos aqui colocando esse relógio junto do ouvido, tentando descobrir se ele está funcionando, certo? Bem, hoje em dia os relógios não fazem mais tique--taque. Está funcionando! Só que eles não fazem mais barulho – disse ele, caindo de joelhos de tanto rir.

– Hã?

– Como é que é?

– Sério?

Nós ficamos olhando boquiabertos para Gus, que agora estava estendido no chão, rolando de rir.

PARTE II
EXERCÍCIO DE LUTO

RECEITA DE AGUARDENTE DA PRISÃO

Pegue 10 laranjas descascadas,
Jarvis Masters, a decisão deste Tribunal é que
uma lata de 240 g de salada de frutas,
as acusações apresentadas são verdadeiras,
esprema as frutas num saco plástico pequeno
e tendo o júri previamente, na data mencionada,
e coloque o suco junto com a polpa;
decidido que a pena deve ser a morte,
acrescente 450 ml de água e feche bem o saco.
e tendo este Tribunal, em 20 de agosto de 1991,
Coloque o saco plástico dentro da pia
negado seu recurso solicitando um novo julgamento,
e aqueça com água quente corrente por 15 minutos.
fica determinado por este Tribunal que o réu seja executado,
Envolva o saco com toalhas para mantê-lo quente e permitir
     a fermentação.

pena que deverá ser aplicada nas instalações de San
     Quentin,
Deixe o saco escondido em sua cela, sem mexer, por 48 horas.
local onde o réu deverá ser submetido à sentença de morte,
Passadas as 48 horas,
da maneira determinada pela lei,
acrescente 1 xícara de açúcar refinado,
em data a ser definida pelo Tribunal por meio de uma ordem de
     execução.
6 colheres de chá de ketchup,
O réu deverá ficar sob a custódia do diretor de San
     Quentin,
depois aqueça novamente por 30 minutos.
encarcerado na instituição, aguardando
Acondicione o saco como antes
o julgamento final do seu recurso.
e em seguida o esconda, sem mexer nele, por mais 72 horas.
Assim ordena esta corte.
Reaqueça diariamente por 15 minutos.
Em testemunho disso,
Depois de 72 horas,
doravante subscrevo-me como juíza desta Corte
     Suprema,
retire a polpa com uma colher
e determino que o selo desta Corte seja afixado
     ao mesmo.
e coloque a porção restante em dois copos de 530 ml.
Que Deus tenha piedade de sua alma.

Quando fui condenado pela primeira vez por assassinato, tudo aquilo me pareceu irreal. Uma juíza presidiu o caso, e eu me lembro de ter ficado diante de uma juíza da primeira vez que fui tirado da minha mãe. Vinte anos antes, eu estava de pé num tribunal enquanto eles tentavam decidir o que fazer comigo, com quem eu deveria morar. Eu estava sob a custódia do Estado, e eles disseram que queriam me proteger. Agora eu estava no mesmo tipo de recinto, com luzes fluorescentes zumbindo, e eles estavam decidindo meu veredito e, quem sabe, se iriam me matar. Naquela noite, refleti muito sobre essa diferença.

Quando outras pessoas começaram a tentar encontrar uma maneira de salvar minha vida, eu me juntei à cruzada. Eu nunca havia cooperado antes. Mas, pela primeira vez, estava determinado a descobrir o que estava acontecendo comigo. Não queria justificar as coisas que tinha feito, e não estava cooperando agora apenas para salvar minha pele. O desejo de conhecer os fatos sobre mim mesmo fez com que eu levasse a minha vida a sério pela primeira vez. A morte fazia parte do meu dia a dia – nas ruas, na prisão –, e eu entendia o que levava as pessoas a serem presas. Mas não compreendia Jarvis.

Em retrospecto, me dou conta de que não era a raiva que me motivava, embora eu me escondesse atrás dela para evitar encarar algumas verdades sobre mim mesmo. Eu lembro que, certa vez, enquanto caminhava pela rua, me deparei com uma árvore que crescia no asfalto de um estacionamento, em meio aos carros. Minha primeira reação foi olhar para ela, estudá-la, refletir. Pensei, fascinado: "Como isso é possível?". Mas eu não frequentava a escola, nunca havia aprendido essas coisas. Eu esmaguei aquela árvore porque sabia que nunca ia frequentar uma escola. Não havia espaço para reflexão ou fascínio na minha vida.

CICATRIZES

Eu me lembro da primeira vez que realmente reparei nas cicatrizes no corpo dos outros detentos. Eu estava ao ar livre, num dos pátios de exercício da prisão de segurança máxima. Parado junto à cerca, apreciava o ar que o pátio proporcionava aos meus pulmões, bem diferente do da minha cela. Eu não tinha pressa de pegar uma bola de basquete nem de fazer qualquer outra coisa. Estava apenas parado ali, em silêncio.

Fiquei observando os outros detentos, jogando basquete ou handebol, tomando banho de chuveiro, conversando uns com os outros. Vi os detentos dos quais era mais próximo, John, Pete e David, levantando pesos. Reparei na incrível semelhança entre as cicatrizes parecidas com chibatadas em sua pele nua, brilhando de suor por causa do esforço de puxar ferro sob o sol quente.

Uma profunda tristeza se abateu sobre mim enquanto eu observava aqueles homens fortes erguerem centenas de quilos acima da cabeça. Olhei para o pátio e fiz a terrível descoberta de que todos os outros tinham os mesmos vergões profundos – na parte de trás das pernas, nas costas, sobre as costelas –, evidências da violência em nossa vida.

86 ENCONTRANDO A LIBERDADE

Ali estavam os filhos perdidos dos Estados Unidos – sobrevivendo cheios de raiva e excluídos da sociedade. Eu tinha certeza de que muitos dos crimes cometidos por aqueles homens tinham origem em suas infâncias violentas.

As histórias de todos nós em San Quentin eram tão parecidas que era como se todos tivéssemos o mesmo pai e a mesma mãe. Embora eu fosse um companheiro na qual a maioria daqueles detentos confiava, e para alguns representasse sua única família, em geral eu não ousava invadir suas dores particulares. Mesmo assim, decidi que ia me reunir com John, Pete e David para falarmos sobre as cicatrizes. Aqueles homens provavelmente nunca tinham falado abertamente sobre as terríveis experiências de sua infância. Duvidava que qualquer um deles tivesse um dia usado a palavra "abuso". Eles pareciam duros feito pedra, de pé em torno do banco de levantamento de peso, orgulhosos de seu corpo e da imagem que projetavam.

Então me ocorreu que aquela postura orgulhosa simbolizava as batalhas pelas quais tinham "construído sua reputação". Essa era a expressão que se usava na prisão para dizer que tinham "provado sua virilidade". Em algum momento, eu também havia endurecido e criado minhas próprias negações. A maior dificuldade que eu ia enfrentar ao falar com eles seria interpretar a língua da prisão que todos usávamos ao falar do nosso passado. O sarcasmo e as evasivas eram nossa maneira de ocultar questões delicadas.

John era um homem corpulento de vinte e oito anos, cumprindo uma pena de vinte e cinco anos a prisão perpétua por assassinato. Eu o conheci quando nós dois estávamos em centros de detenção para menores no sul da Califórnia. Na época, tínhamos apenas onze anos. Ao longo do tempo, percorremos juntos o sistema correcional juvenil até a penitenciária se tornar nosso destino final.

Quando perguntei sobre as cicatrizes em seu rosto, ele respondeu:

– Foram umas porradas que dei e, no processo, acabei levando umas também, o que é raro.

John explicou que o pai o amava o suficiente para ensiná-lo a lutar quando tinha apenas cinco anos. Ele aprendeu com as surras que levava. De certa forma, disse, cresceu com um misto de temor e amor pelo pai. Ele apontou para uma cicatriz horrível na parte de cima do ombro. Rindo, nos contou que o pai tinha batido nele com um vergalhão de aço quando John tentou proteger a mãe de uma surra.

A maioria já tinha visto aquela cicatriz, mas nunca teve coragem de perguntar a respeito. Enquanto olhávamos para ela, John pareceu ficar envergonhado. Evitando nosso olhar, murmurou algumas palavras antes de nos mostrar diversas outras cicatrizes. Ele se lembrava de cada detalhe que dizia respeito aos acontecimentos violentos que as haviam produzido. Eu me dei conta de que essas experiências ainda o assombravam. No entanto, conforme ia falando, ele ficava cada vez menos emocionado. John havia passado mais de metade da vida em instituições para menores, e como resultado disso ostentava um sorriso extremamente frio e intimidador, quase arrogante. Ele não queria que nada do que estava compartilhando conosco fosse interpretado, nem de longe, como abuso infantil.

Isso ficou especialmente evidente quando nos mostrou um vergão nas costas parcialmente escondido pela tatuagem de um dragão. Era uma cicatriz horrorosa, algo que eu imaginaria ver num escravo que tivesse sido açoitado. John fez sinal para que eu me aproximasse e disse:

– Passe o dedo pela espinha do dragão.

Eu senti o que parecia ser um cordão grosso e retesado que se movia como um verme sob a pele dele.

– Caramba, John, que merda aconteceu com você? – perguntei.

Alguma coisa na maneira como fiz a pergunta fez com que John soltasse uma gargalhada, e os outros se juntaram a ele. Ele explicou que, quando tinha nove anos, o pai saiu atrás dele com um fio elétrico. John se escondeu embaixo da cama, segurou as molas do colchão e ficou agarrado a elas enquanto seu pai o puxava pelas pernas, açoitando suas costas sem

88 ENCONTRANDO A LIBERDADE

parar, até ele perder a consciência. Ele acordou mais tarde com uma ferida profunda na pele. Com um sorriso frio, disse, brincando, que aquela foi a última vez que fugiu do pai.

David e Pete contaram experiências similares na infância. Suas histórias diziam muito sobre como todos nós tínhamos ido parar numa das piores prisões do país. Quase todos os detentos que tinham sofrido abuso na infância haviam sido tirados dos pais biológicos ainda muito cedo, como medida de proteção, e colocados em lares adotivos, abrigos para jovens ou centros de detenção, onde ganharam ainda mais cicatrizes. Mais tarde, as prisões funcionavam como a mesma espécie de refúgio doloroso. É aterrorizante concluir que grande parte dos detentos um dia vai voltar ao convívio social, ter filhos e perpetuar o que aconteceu com eles.

Durante os muitos anos que passei em instituições, eu, como tantos daqueles homens, inconscientemente busquei refúgio atrás dos muros da prisão. Foi apenas depois de ler uma série de livros para adultos que tinham sofrido abuso na infância que decidi me dedicar ao processo de examinar minha própria infância. Comecei a compreender as razões por que sempre havia esperado passar de uma instituição para outra. Eu nunca me esforcei de verdade para me manter fora desses lugares, nem meus amigos.

Naquele dia, falei abertamente com eles sobre os abusos físicos e psicológicos que sofri quando criança. Contei que tinha sido vítima de negligência e depois de abandono por parte dos meus pais – que eram viciados em heroína – ainda muito novo. Eu era espancado constantemente pelo meu padrasto. Minha mãe deixava minhas irmãs e eu sozinhos por dias com nossos irmãos gêmeos recém-nascidos quando eu tinha apenas quatro anos. Meu irmãozinho morreu de síndrome da morte súbita, e eu sempre me culpei, já que era o responsável por cuidar dele. Falei com eles sobre a dor que havia carregado por mais de uma dezena de instituições, uma dor que nunca fui capaz de enfrentar. E expliquei como todos esses acontecimentos acabaram me aprisionando num ciclo vicioso de revolta contra tudo e contra todos.

Aqueles homens, no entanto, não conseguiam pensar em suas próprias experiências como abuso. O que contei pareceu entristecê-los, talvez porque eu tivesse abraçado uma verdade oculta que eles não eram capazes de abraçar. Eles evitaram fazer conexões entre as minhas experiências e as próprias. Era como se achassem que eu tinha sofrido mais do que eles. O que não era verdade. O que eles ouviram foram suas próprias palavras não ditas.

Por fim, ficamos todos em silêncio em torno do banco de levantamento de peso, observando os homens que se exercitavam do outro lado do pátio.

John e eu tivemos uma conversa a sós mais tarde.

– Sabe de uma coisa? – disse ele. – No dia em que me acostumei a ser espancado pelo meu pai e pelos orientadores em todas aquelas casas de acolhimento foi quando descobri que nada ia me machucar de novo. Tudo que eu achava que poderia me machucar eu encarava como um jogo. Eu não tinha nada a perder e praticamente tudo a ganhar. Sempre haveria uma cela de prisão esperando por mim.

John estava falando pela maioria dos homens que eu havia conhecido na prisão. No fundo, nós gostamos daqui. Este lugar recebe de bom grado um homem cheio de raiva e violência. Aqui ele não é anormal, não é diferente. A vida na prisão é uma extensão de sua vida interior.

Por fim, confidenciei a John que gostaria de ter estado ao lado da minha mãe quando ela morreu.

– Peraí, você não disse que foi vítima de negligência? – perguntou ele.

John tinha razão, eu de fato fui vítima de negligência, mas será que também deveria negligenciar a mim mesmo negando que gostaria de ter estado com ela quando morreu? Negando que ainda a amo?

MINHAS IRMÃS E EU DORMÍAMOS no mesmo quarto. Minha mãe costumava sair à noite e voltar de manhã bem cedo, e então passava o dia dormindo. Nós penteávamos seu cabelo e a abraçávamos enquanto ela dormia. Ficávamos sozinhos quando ela estava fora. Eu tinha uns quatro anos, Charlene tinha seis, Bertie tinha três e Carlette era apenas um bebê.

Certa noite, minha mãe entrou em casa apressada, dizendo para juntarmos as nossas coisas porque ela estava metida num monte de problemas. Nós passamos cinco ou seis minutos recolhendo tudo, o bebê chorava, era tudo muito caótico. Eu lembro que minha mãe me puxou com força pelo braço, me olhou nos olhos e disse:

— Se alguma coisa acontecer comigo, tome conta das suas irmãs.

Depois disso só me lembro da porta sendo aberta com violência e de um homem dizendo:

— Cadê você, sua vaca? Vou matar você e os seus filhos!

Ela empurrou todos nós para debaixo da cama, numa determinada ordem, eu por último.

— Onde estão as crianças? — berrou ele.

Minha mãe saiu correndo do quarto, em pânico. Eu nunca a vi tão apavorada, suor escorrendo pelo rosto. Ela foi para o cômodo ao lado e eles começaram a brigar. Eu podia ouvir as pancadas. Bum! Bum! Bum! Eu me encolhia toda vez que ela levava um soco. Minhas irmãs e eu estremecíamos a cada pancada, como se estivéssemos apanhando também. A mesa foi virada, cadeiras foram derrubadas, quadros caíram das paredes, a casa inteira ressoava. Mesmo depois que minha mãe parou de gritar, ainda podíamos ouvi-la sendo espancada.

Então alguém abriu nossa porta com um chute e eu vi aqueles sapatos. Aqueles sapatos eram a coisa mais assustadora que já tinha visto na vida. Eu me lembro de olhar para cima para tentar ver quem era. Até hoje, sempre que fico com medo, meus olhos se voltam para cima, como fizeram naquele dia.

Ele entrou gritando:

– Onde estão vocês, seus desgraçados? Vou matar vocês também!

Ele deu três passos para dentro do quarto, e eu me lembro daqueles três passos. Assim que ele baixou o pé pela terceira vez, minha mãe apareceu. Ela pulou sobre as costas dele e começou a socá-lo, berrando:

– Você não vai matar os meus filhos!

Eles caíram no cômodo ao lado. Pratos voaram na cozinha. Eu podia ouvir o homem chutando minha mãe, pisoteando-a. Podia ouvir seus gritos:

– Alguém me ajude! Pare, por favor!

Ela ficou em silêncio depois de um tempo, mas continuei ouvindo os sons da minha mãe apanhando. Estávamos todos paralisados de medo. Minha irmã Bertie teve uma espécie de convulsão. A surra continuou por bastante tempo.

Quando finalmente parou, eu me lembro de pensar: "A mamãe me disse para ficar aqui quietinho". Foi uma decisão difícil ficar ali, embaixo da cama. Minha mãe dizia que eu era o homem da casa. Eu não sabia se devia ficar lá para proteger as minhas irmãs ou não.

Acabei dormindo. Foi um sono agitado. Então acordei e vi o que parecia ser um monstro se arrastando para dentro do quarto. O lábio estava caído. Os olhos...

era impossível vê-los. O sangue escorria pelo seu rosto. Eu ainda me lembro dos brincos que ela usava.

Minha mãe estava a apenas alguns metros de nós. Reunindo toda a força que lhe restava, ela ergueu a cabeça o máximo que pôde e estendeu a mão na nossa direção. Em seguida tombou com um baque, batendo com a cabeça no chão.

Charlene e eu saímos de debaixo da cama. Eu me sentei no chão, segurando a cabeça da minha mãe no colo. Minhas mãozinhas tentavam limpar o sangue do rosto dela, mas ele continuava a escorrer.

Charlene pegou uma toalha, que ficou imediatamente encharcada de sangue. Simplesmente não conseguíamos estancá-lo. Começamos a entrar em pânico. Charlene e eu olhamos um para o outro ao mesmo tempo e simplesmente começamos a chorar. Nossos gritos despertaram nossa mãe; seus olhos se entreabriram. Ela segurou minha mão com muita, muita força, em seguida sorriu, como se quisesse dizer que estávamos bem e que ainda estávamos juntos.

Charlene se atirou sobre ela, abraçando-a. Eu continuei chorando até uma mulher branca, uma vizinha, aparecer e chamar uma ambulância.

MINHA MÃE MORREU ENQUANTO EU *estava aqui, na prisão, sem que eu tivesse tido oportunidade de passar muito tempo com ela. Foi numa época em que eu finalmente tinha reunido forças para falar com ela sobre as experiências que haviam levado à nossa longa separação quando eu ainda era criança. O melhor momento que poderia ter proporcionado a ela teria sido dizer que, apesar de tudo, eu ainda a amava.*

Muitas pessoas pensam nela como uma pessoa que eu não deveria amar, uma mulher que me abandonou e me negligenciou. Mas as minhas lembranças dela não estão maculadas assim. Quando eu era jovem, ela me causava uma tristeza profunda, e mais tarde passei a vê-la como uma vítima.

A última lembrança que tenho de nós dois juntos foi de ver minha mãe segurando seu neto recém-nascido no colo pela primeira vez. Ela estava sentada no sofá, embalando a pequena Donta, os olhos cheios de amor e de lembranças de todos nós. Então ela começou a chorar ao cantar uma de suas canções favoritas. Era uma canção de Billie Holiday. Quando criança, eu a ouvira cantar os mesmos versos: "Mama may have, Papa may have, but God bless the child who's got his own... who's got his own". *

---

* "A mamãe pode ter, o papai pode ter, mas Deus abençoe a criança que está por conta própria... que está por conta própria." (N. da E.)

EXERCÍCIO DE LUTO

O DIA ESTAVA APENAS COMEÇANDO quando saí para o pátio de exercícios. Fui um dos últimos detentos a ser liberado, então sabia que não teria chance de jogar basquete. Os times já teriam sido escolhidos, e eles iam jogar uns contra os outros até que o alarme da torre de vigilância indicasse que nossas três horas de exercício tinham chegado ao fim.

Era revigorante estar ao ar livre depois de três dias quentes de verão confinado em minha cela individual. Estava de bom humor enquanto perambulava pelo pátio, conversando com meus colegas de prisão. Outros homens no pátio levantavam peso ou apostavam em quem fazia mais flexões.

Aquele era um dia excelente, pensei, para dar uma volta e tomar um sol. Tirei a camiseta e me recostei na cerca, observando todo mundo do canto do pátio. Havia os quase profissionais como Ace e Slick na quadra de basquete, e Billy e Sonny na quadra de handebol. Eles eram incrivelmente habilidosos. Os muitos anos jogando juntos tinham feito com que se entrosassem com perfeição. Eu os observei ganhar partida após partida sob o sol escaldante.

Exercício de luto 95

Fui o primeiro a notar o capelão da prisão se aproximar da cerca. O pátio ficou subitamente em silêncio. Prendi a respiração, torcendo para que ele não viesse na minha direção. A maioria de nós nunca via o capelão a não ser no Natal ou quando estávamos prestes a receber notícias muito ruins.

O capelão caminhou ao longo da cerca, olhando através de seus óculos de armação fina. Ele parecia um mensageiro da morte. Eu quis me virar para o outro lado e fingir que nunca tinha visto aquele homem de batina na vida. Mas, como grande parte dos meus colegas de prisão, eu tinha: aquele mesmo homem me dera a notícia das mortes da minha mãe, do meu irmão e da minha irmã.

Ele pressionou as mãos contra a cerca, os olhos procurando atentamente alguém no pátio. Eu não tinha nada – nenhuma bola de basquete para controlar, nenhuma bola de handebol para lançar, nenhum peso para levantar – que me distraísse de minha súplica silenciosa: *Eu de novo não!*.

Fui tomado primeiro pelo alívio e em seguida pela tristeza quando vi o capelão tentando atrair a atenção de Freddie na quadra de basquete.

– Ei, Freddie – disse ele. – Amigo, tenho uma péssima notícia para lhe dar. Preciso falar com você. Pode me dar um minuto?

Mas Freddie simplesmente continuou jogando com mais afinco. Eu observei o medo estreitar sua visão enquanto ele tentava se concentrar. O restante do time acelerou o ritmo do jogo, como se quisesse bloquear a voz do capelão; era sua maneira de dar apoio ao amigo pelo tempo que precisasse negar que a notícia que o capelão trazia era para ele.

Eu havia conhecido Freddie em San Quentin muitos anos antes. Sempre ficávamos no mesmo time de basquete. Como eu, ele tinha trinta e dois anos, mas tinha um metro e oitenta, era corpulento, vigoroso e bem mais forte do que eu. Ele estava cumprindo uma pena de cinquenta anos à prisão perpétua e levantava com facilidade o maior peso no supino: duzentos quilos. Mais ninguém no pátio era forte assim.

O capelão permaneceu de pé junto à cerca, esperando pacientemente. Eu pensei nos muitos telefonemas que ele devia ter recebido de fora da prisão, informando que a mãe, o filho ou a filha de alguém tinha morrido. Ele descobrira ao longo dos anos que a imagem de dureza de muitos detentos podia ruir, e que eles desabavam e choravam como qualquer outro ser humano.

Eu olhei para Freddie. Nem sua mente nem sua capacidade física poderiam evitar a tragédia que o aguardava. Ele jogava com agressividade, como um desconhecido para os colegas de time. Mas até mesmo eles começaram a reconhecer o que o amigo tinha que fazer, e, por fim, Freddie cedeu.

Ele caminhou até a cerca, e ele e o capelão ficaram de pé um diante do outro por um ou dois minutos. Então Freddie voltou para a quadra, com um tênue sorriso no rosto, e o jogo de basquete recomeçou. Fiquei chocado. O Freddie que eu conhecia não seria capaz de lidar tão bem com uma notícia daquelas. Os barulhos do pátio voltaram ao nível normal.

Vários minutos mais tarde, Freddie olhou de relance para os dois guardas na torre de vigilância. Eu não dei muita importância, até que ele se voltou e eu vi que seus olhos estavam cheios de lágrimas, da mesma maneira que as lágrimas tinham inundado meu mundo quando pessoas da minha família morreram. Ele lutava para se manter forte, para não demonstrar a dor que estava sentindo, para resistir ao desejo de chorar na frente de todos nós, homens cujas lágrimas ele nunca tinha visto.

Freddie não se permitiu chorar. Em vez disso, a raiva começou a se avolumar dentro dele, e era como um vulcão prestes a entrar em erupção. Seus punhos se cerraram e seu corpo começou a tremer violentamente. *Merda, ele vai explodir!*, pensei.

Rattler, Ace e Slick, que estavam na quadra com ele, tinham ouvido quando o capelão disse que sua avó, a única família que lhe restava, havia morrido em decorrência de um ataque cardíaco. Eles se deram

Exercício de luto 97

conta de que Freddie estava perdendo o controle, agarrando-se a um último fio de sanidade. Aproximaram-se dele, como corajosos nadadores se arriscando nas profundezas do oceano para salvar um amigo que se afogava e que tinha começado a entrar em pânico.

Rattler estendeu a mão para Freddie, mas recebeu de volta um soco. Os guardas da torre de vigilância deram dois tiros de alerta para o alto.

– Parados! – ordenaram, mas Freddie continuou desferindo golpes violentos contra os amigos. Sua raiva estava direcionada não contra eles, mas contra seu próprio instinto de sobrevivência.

Quando os amigos tentaram recuar, Freddie partiu para cima deles, atirando-os com força no chão. Os guardas fizeram outro alerta antes de apontar os rifles e atirar na direção do pátio. Pou! Pou!... Pou! Pou!... Pou! As balas fizeram buracos fundos no asfalto, a centímetros dos homens engalfinhados no chão. Pou! Pou!

– Não atirem! – gritou Rattler. – Merda, parem de atirar! Não conseguem ver que tem algo errado com ele?

– Afastem-se dele! Saiam de perto dele! – berrou um guarda da torre de vigilância.

Os rifles ainda estavam apontados para baixo; da próxima vez não errariam o alvo.

– Nem pensar! – disse Rattler.

Eles tinham finalmente imobilizado Freddie no chão e se esforçavam para mantê-lo preso.

– Vocês não conseguem ver que tem alguma coisa errada com ele? – berrou Rattler, as lágrimas escorrendo pelo rosto. – Não conseguem ver que ele precisa de ajuda? Merda, então atirem em todo mundo, matem todos nós!

Ace e Slick também começaram a chorar enquanto seguravam Freddie. De repente, os quatro estavam se abraçando, não como detentos endurecidos, mas simplesmente como seres humanos. Todo o pátio de exercícios, todos os cinquenta ou mais presos, ficaram olhando, estarrecidos.

Foi como humanos primeiro e homens depois que todos nós, incluindo Freddie, voltamos para as celas naquele dia.

SONHO

Eu ADORMECI E COMECEI A sonhar depois de assistir ao noticiário noturno na televisão, no verão de 1992, o verão em que a Califórnia se preparou para a primeira execução do estado em mais de vinte e sete anos.

Estava com amigos queridos na proa de um grande barco, cercado por quilômetros e mais quilômetros de oceano. Enquanto aproveitávamos o sol escaldante, uma equipe cuidava dos equipamentos de mergulho, preparando-os para nós. Todos queríamos explorar as profundezas do mar e observar as belas espécies que habitavam aquele grande oceano.

Na lateral do barco havia um pequeno sino de mergulho individual, e um homem estava testando o sistema de comunicação com a embarcação principal. Nós estávamos todos em torno do sino, conversando sobre como o equipamento devia ter sido caro.

O sino de mergulho era verde e tinha o formato de uma cápsula ou de um submarino em miniatura. Havia duas pequenas janelas de cada lado, e, na parte da frente, uma porta grossa levava à cabine. Um largo tubo de borracha saía do topo. A estrutura parecia estar suspensa por uma corrente, e uma grua controlada por controle remoto a movia de um lado para o outro.

Eu fui o primeiro a entrar.

A pesada porta da câmara se fechou com força, me trancando lá dentro, e eu fiquei parado, sem saber o que ia acontecer. Ouvi os ruídos metálicos da grua erguendo o sino de mergulho e a corrente baixando-o lentamente até a superfície da água.

Espiei pela janela enquanto o sino afundava no mar. Vi milhões de minúsculas bolhas brilhantes à minha volta. Eram deslumbrantes. Cintilavam, em seguida desapareciam, e o oceano se transformava num lindo aquário cheio de peixes nadando ao meu redor. Havia milhares deles, de todas as cores e tamanhos, a cauda oscilando graciosamente bem diante dos meus olhos. Acho que sorrimos uns para os outros.

Enquanto mergulhava mais fundo nesse maravilhoso mundo desconhecido, eu tinha a sensação de estar sendo engolido pela vasta garganta da Mãe Terra, e as muitas formas que agora contemplava eram como milhares de células microscópicas viajando por aquele vasto corpo de vida.

Então, de repente, minha mente recuperou a razão, e senti medo. Onde eu estava? Enquanto descia em espiral naquele mar que tinha se transformado em noite, seus habitantes começaram a me aterrorizar.

Meu coração começou a bater feito um tambor; eu me senti claustrofóbico e ofegante. Pedi ajuda pelo microfone, mas não houve resposta; nenhum ser humano me ouvia enquanto eu afundava cada vez mais no buraco negro do mar. *Onde estavam meus amigos?*, me perguntei, e fiquei ainda mais apavorado agora que tinha me perdido de todos eles.

Minha garganta começou a se fechar, e eu me levantei, trôpego. Não tinha equilíbrio e não enxergava nada, até que uma visão terrível começou a se revelar. Rostos monstruosos apareceram, como se tivessem sido invocados para testemunhar meu destino naquela inescapável câmara do inferno. Eu tentava desesperadamente me livrar deles, mas não conseguia respirar.

– Me ajude... Deus – falei, ofegante. – Me ajude, ó Buda! Ó Alá! Ó Jeová! Ó Krishna! – supliquei, com a certeza de que ia morrer.

Sonho 101

Por fim, desabei no chão frio, asfixiado pelo ar tóxico e mortal. Durante algum tempo, fiquei deitado em posição fetal, abraçando os joelhos com força. Em seguida comecei a me debater, sufocando, vomitando, meu corpo se sacudindo inteiro. A dor era tão intensa que meus dedos se retesaram como forcados e minhas unhas rasparam o chão, arrancando pedaços de tinta verde.

Depois de algum tempo, eu simplesmente fiquei deitado, sem me mover. Perdia os sentidos e recobrava a consciência, minha mente e meu corpo desistindo da vida, desejando apenas que o chão abaixo de mim pudesse de alguma forma acalentar meu ser moribundo.

Enquanto estava consciente, eu via meus maravilhosos amigos acima de mim, na enorme embarcação. Nós nos olhávamos, sabendo que aqueles seriam nossos últimos momentos juntos. Alguns deles tentavam me tranquilizar: "Vai ficar tudo bem... vai ficar tudo bem". Outros diziam: "Adeus, Jarvis. Nós amamos você". Todos começaram a chorar, observando enquanto eu inspirava lentamente meu último e profundo respiro. Eu prendi o ar, um sinal para eles de que estava me despedindo.

Acordei ofegante e empapado de suor. Estava sangrando por causa de arranhões que tinha feito na minha própria pele.

Que pesadelo terrível!, pensei. Mas então me dei conta de algo ainda pior: eu havia acordado mais uma vez no corredor da morte.

Volto as mãos para o céu,
rendendo-me à minha desesperança humana,
para que ela não me desespere.
Pois a vida não precisa de mais,
de ainda mais desespero, eu suplico.

O JUIZ MARSHALL SE APOSENTA

Eram quatro da tarde de um dia quente em San Quentin quando meu amigo Vernon rompeu o silêncio.

– Cara, você ouviu o que acabaram de dizer no noticiário? – gritou ele através das barras da cela. – O juiz Marshall, da Suprema Corte dos Estados Unidos, acaba de se aposentar. Está passando no Canal Cinco.

Todos que estavam ao alcance da voz de Vernon começaram a trocar o canal de suas televisões. Pete gritou que a notícia também estava passando no Canal Sete.

– Está passando no Canal Quatro também – avisou Louis.

– O que tá acontecendo? – perguntou Hector, que não tinha uma TV.

– Eles estão apresentando boletins especiais em todos os canais, cara – explicou Vernon. – O juiz Marshall acabou de enviar seu pedido de aposentadoria ao presidente Bush. Todos nós no corredor da morte estamos ferrados agora. Disseram que ele se aposentou por causa da idade, mas é mentira. É porque ele não quer fazer parte de coisas que não pode impedir… não só sobre a pena de morte, mas sobre o aborto, os direitos civis e todo tipo de decisão que esse tribunal conservador vai tomar.

ENCONTRANDO A LIBERDADE

– É, acho que você está certo, Vernon. Ei, Paul – gritei para uma cela mais adiante no corredor. – O que você acha?

– Eu estou perplexo com tudo isso, Jarvis. Quer dizer, Marshall era um grande homem, sabe? Alguém aqui já assistiu ao documentário sobre ele no canal da PBS? Ele foi um advogado defensor dos direitos civis no início dos anos 1950, trabalhou para a Associação Nacional para o Progresso das Pessoas de Cor e atuou na defesa daquele caso "Brown vs. Board of Education". Ele estava na vanguarda dos direitos civis. Agora que não vai mais estar na Suprema Corte, acho que os Estados Unidos nunca mais serão os mesmos.

– Ei, você acha que o Bush vai aceitar o pedido de aposentadoria do Marshall? – perguntou Louis.

– Pô, com certeza.

– Pode apostar.

– Óbvio.

– Que ideia.

Um silêncio inquieto se abateu sobre o corredor. Estávamos todos absortos em nossos pensamentos, nossa intuição sobre o que a aposentadoria de Marshall significaria para cada um de nós. O momento tinha capturado nossa atenção como se tivéssemos ouvido uma grande bomba caindo sobre a prisão.

Por fim, Hector disse:

– É só uma questão de tempo.

Ele leu meus pensamentos, pensei.

– Cara, era exatamente isso que eu estava pensando – disse Louis.

– Merda, isso era o que todos nós estávamos pensando – acrescentou Vernon.

Naquele momento, o carrinho com a refeição da noite surgiu.

– Hora do rango! – gritaram os guardas, indo em direção ao fundo do corredor.

Quando chegaram à minha cela, um deles perguntou:

– Quer alguma coisa? Ninguém parece estar com fome hoje.

– Não, também não estou com fome – respondi. – Podem dar minha comida para outra pessoa.

– Tem certeza? – perguntou ele.

– Sim, tenho certeza.

– Tudo bem, então. Vou ter que levar toda essa comida de volta para a cozinha.

Eu observei enquanto o guarda conduzia o carrinho de volta pelo corredor.

BRYAN

Durante algumas horas, San Quentin havia deixado de existir. Faltavam apenas algumas páginas para o fim, e eu não largava o livro desde a primeira página. Tinha passado a tarde em outro mundo.

Ao checar o relógio, fiquei surpreso ao notar que já passava das duas da manhã. Eu me levantei do meu beliche e me espreguicei antes de dar três passos até a frente da cela. Atordoado, com as mãos apoiadas nas barras, olhei pela janela que ficava na frente da minha cela. *Como é tranquilo*, pensei, contemplando a suave quietude sem vento da noite.

De repente, como um filme de terror projetado na parede da prisão, uma lembrança dolorosa ganhou vida, reprisando uma noite de outono sete anos antes, uma noite na qual eu também tinha ficado acordado até tarde.

Naquela noite, eu havia acabado de acender meu último cigarro quando pensei ter ouvido a voz de Bryan, sussurrando algo para mim da cela ao lado. Estava escuro e silencioso no Centro de Ajustamento. Os guardas tinham acabado de fazer a ronda e sair do corredor.

Bryan me chamou baixinho:

– Ei, Jarvis? Você tá acordado, cara? O que você tá fazendo?

Bryan 107

– Nada de mais, só estou me preparando para dormir. O que foi? – perguntei.

Segundos se passaram. Bryan se aproximou da frente de sua cela. Ele se agachou e começou a falar num tom muito baixo, de forma que só eu pudesse ouvi-lo.

– Sabe de uma coisa, Jay? Eu nunca achei que fosse chegar a esse ponto.

– Como assim? – perguntei.

– Prisão, cara, prisão – disse Bryan. – Esta noite eu me dei conta de que nunca mais vou sair daqui. Acabou pra mim. Meu mundo acaba aqui. San Quentin!

Bryan era um garoto pequeno e magro cujo ímpeto selvagem típico da juventude e voz infantil tinham lhe rendido o apelido de "Pirralho".

– Merda – disse ele. – Preciso de um cigarro. Faz dois anos que não fumo, mas um cigarro cairia bem agora. Tem algum pra me ceder?

– Só um minuto – falei baixinho, pegando um maço aberto. – Você tem uma linha de pesca aí?

– Não, mas posso fazer uma.

Eu ouvi Bryan rasgando tiras finas de um lençol. O som ressoava alto no prédio silencioso.

– Ei, estou na cela ao lado da sua. Não precisa de tanta linha – brinquei.

– Já que estou fazendo uma linha de pesca – respondeu Bryan –, vou fazer uma longa o bastante para chegar mais longe no corredor.

Minutos se passaram. Por fim, Bryan jogou sua linha na frente da minha cela. Eu peguei dois cigarros, acendi um para mim e amarrei o outro na linha de Bryan, que a puxou de volta.

– Que horas são? – perguntou ele.

– Quase três da manhã – respondi, agachado na parte da frente da cela, fumando um cigarro e contemplando a noite tranquila.

Eu sabia que o garoto estava com medo. Bryan tinha apenas dezesseis anos quando deixou a violência das gangues para cumprir uma pena de

108 ENCONTRANDO A LIBERDADE

prisão perpétua pelo assassinato de outro jovem. Ele fora julgado como adulto. Agora estava se dando conta de que ia passar o resto da vida confinado numa penitenciária estadual.

– Jay – disse Bryan –, na noite em que matei aquele cara no parque, era ele ou eu. Esta prisão me faz desejar que fosse eu que estivesse morto e ele que estivesse aqui. Nesta cela de merda. Não dou a mínima se me matarem amanhã.

Senti uma profunda tristeza pelo meu amigo. Sabia que a sentença de Bryan mal tinha começado, enquanto a minha começara muitos anos antes. Eu me lembrei de como me senti quando me dei conta da realidade da prisão – sob o manto da escuridão, no silêncio da solidão de um prisioneiro.

Embora não pudesse ver Bryan, eu sabia que o rapaz estava encarando as sombras de sua dor interior.

Ele não disse mais nada, então eu falei:

– Ei, Pirralho? Tá acordado? Sei que você não dormiu e me deixou aqui sozinho. Ei, cara, sei que consegue me ouvir. O que você tá fazendo aí?

Não houve resposta. Como não queria perturbar os outros detentos, não disse mais nada. Mas decidi ficar acordado para o caso de Bryan precisar conversar.

Deitado no meu beliche, olhando para o corredor, me esforcei para manter os olhos abertos. Por mais cansado que estivesse, eu achava que tinha motivos reais para me manter acordado. O ar frio ajudava. Observei um rato sair de seu esconderijo conforme a noite foi ficando ainda mais silenciosa. De repente, ouvi um ruído. Parecia ter vindo das janelas quebradas do outro lado do corredor; uma mudança súbita no vento, pensei. Chequei o relógio e me dei conta de que tinha pegado no sono. Já eram quase seis da manhã. Levantei-me e fui até a pia lavar o rosto.

Ouvi descargas começarem a soar em celas próximas. Ouvi o chocalhar das chaves dos guardas e um carrinho de comida sendo empurrado no corredor. Perguntei-me por qual das extremidades os guardas iam começar a servir a refeição matinal.

Chamei Bryan, animado.

– Ei, Pirralho, acorde. Está na hora do café da manhã!

De repente, o apito de um guarda soou, estridente como um grito. Eu corri para os fundos da minha cela e me agachei junto ao vaso sanitário, esperando para ouvir alguma coisa que me dissesse o que estava acontecendo.

– Homem ferido! Homem ferido! Temos um homem ferido!

– Em qual cela? – berrou o guarda posicionado no fim do corredor. – O que está acontecendo… O que vocês têm aí?

– Meu Deus… – murmurou o primeiro guarda, e em seguida gritou: – Suicídio. Temos um suicídio na cela 65.

Então ouvi guardas correndo pelo corredor na direção da minha cela. Eu chamei:

– Ei, Bry… – Então percebi. *É a cela do Bryan*, pensei. *Merda, o Bryan está na cela 65.*

Eu me aproximei devagar da parte da frente da minha cela, com medo de ver os guardas de pé diante da cela do meu amigo. *Não, o Bryan não*, rezei. Mas quando olhei para fora e vi os guardas, as lágrimas começaram a escorrer pelo meu rosto.

Os guardas estavam usando o uniforme contra motins, cassetetes em punho, esperando que a cela de Bryan fosse aberta. O guarda que controlava as portas das celas gritou do fim do corredor:

– Abrindo a cela 65! Abrindo a 65!

Quando a porta se abriu, os guardas entraram. Eu os ouvi discutindo.

– Vamos cortar a corda!

– Não, não podemos cortar antes de a equipe médica chegar.

Um tumulto estourou quando detentos ao longo do corredor começaram a gritar com raiva:

– Cortem a corda! Cortem a corda! Cortem a corda!

Eu fiquei de pé, as costas nuas pressionadas contra a parede que havia me separado de Bryan durante toda a noite. Minha mente exausta começou a repassar nossa conversa. Se ao menos eu tivesse ficado acordado, talvez pudesse ter ajudado meu amigo.

Fiquei olhando para o teto, tapando os ouvidos, tentando não ouvir, imaginando Bryan pendurado no duto de ventilação na parede dos fundos da cela... morto.

Quando olhei para a frente novamente, o corpo de Bryan já estava numa maca, cercado pelos guardas; o corredor estava em silêncio. Um médico disse a um dos guardas:

– Ele está frio... Já está morto há algum tempo.

Vi os olhos de Bryan. Um deles estava fechado, o outro olhava para cima, na direção da testa. Finas tiras de lençol trançadas estavam amarradas com força em torno de seu pescoço. As pontas pendiam até o chão.

De repente, um clarão atingiu meu rosto, me tirando à força da lembrança de Bryan sete anos antes. Era a lanterna de um dos guardas.

– Ainda está acordado? – perguntou ele, fazendo a ronda pelo corredor.

Eu assenti. Virei-me de costas para as barras e me sentei no beliche, olhando para a parede. Pela centésima vez me perguntei o que deveria ter dito a Bryan. Imaginei-me tentando convencê-lo.

"Bryan, sei o que você está sentindo. Mas toda vida é preciosa, até mesmo a sua na prisão. Não importa quão difícil sua vida pareça hoje, não importa quão isolado se sinta, você não está sozinho. Há tantos bebês morrendo, sem-teto nas ruas, milhões passando fome. Há tanto sofrimento pior que o seu. Às vezes temos que nos desafiar a sobreviver. Eu amo você, cara. Não se mate... Por favor, não se mate."

Eu quase acreditei que, se tivesse dito tudo isso, Bryan ainda estaria vivo. Eu me virei e observei enquanto a luz da manhã despontava na janela. Tentei esvaziar minha mente.

De repente, me dei conta de uma coisa. Eu não poderia ter impedido Bryan de tirar a própria vida. Como eu poderia? Talvez houvesse palavras que o tivessem salvado, mas naquela época eu ainda não as havia encontrado.

FICOU MUITO DIFÍCIL PARA MIM viver na cultura da prisão quando não me sinto mais parte dela. Vejo com clareza agora por que a maioria dos detentos tem medo de lidar com sua raiva e seu ódio, porque, se fizessem isso, o ambiente da prisão se tornaria insuportável. A impressão que tenho é que quanto mais me desvencilho da parte de mim que antes via a prisão como uma extensão da minha vida interior, mais frequentemente retomo meu velho hábito de fumar compulsivamente e ficar olhando por entre as barras da minha cela até tarde da noite, tentando manter a sanidade.

Na maior parte do tempo, não tenho medo da morte; o que realmente temo o tempo todo é como vou morrer. Foi determinado que eu seja colocado numa câmara na qual será liberado um gás que vai me asfixiar, enquanto algumas pessoas assistem a tudo, escrevem e fazem desenhos que me mostram amarrado a uma cadeira, lutando para respirar. Eu serei a declaração da sociedade de que algo inumano foi executado. Quando penso no fato de que a sociedade, uma nação, me sentenciou à morte, a única coisa que consigo fazer é me voltar para dentro de mim mesmo, para o lugar no meu coração que deseja desesperadamente se sentir humano, ainda conectado a este mundo, como se eu tivesse um propósito. Mas então, no dia seguinte, um detento me pede para redigir uma carta para ele, porque não sabe escrever, e eu digo claro, grato por ele me dar mais uma razão para ficar em paz.

Às vezes me sinto tão confuso, preocupado e angustiado, que desejo apenas odiar tudo. Durante a maior parte da minha vida, fingi saber como odiar; eu usava muito essa palavra. Mas nunca senti o tipo de ódio que poderia ser justificado por tudo que sofri.

Meu padrasto tentou me ensinar a odiar quando eu era criança. Ele dizia que fazia aquilo para o meu próprio bem. Ele costumava me prender entre as pernas e dar tapas na minha cabeça e no meu rosto até a raiva tomar conta de mim. Ele dizia: "Fique com raiva... lute, filho... lute", e eu lutava. Depois, sentia dor, mas o que mais sentia era tristeza. Certa vez, pensei em esfaqueá-lo com uma faca de cozinha enquanto ele dormia, mas não tive coragem.

Da mesma maneira, não consigo odiar as pessoas que me condenaram à morte nem a juíza que disse que eu nunca deveria ter nascido.

Às vezes, não consigo me livrar da pressão que comprime meu cérebro. Fico tão mal que não quero ou não consigo manter a comida nojenta da prisão no estômago. Corro para assistir à minha televisão ou para ouvir o meu rádio a fim de não ouvir mais meus pensamentos e ignorar tudo ao meu redor: a prisão, o corredor da morte, a sensação gélida de estar confinado em isolamento total.

O.J.

– Ei, vocês estão vendo o noticiário do Canal Sete? – gritou Satchmo por entre as barras de sua cela, sua voz ecoando pelo corredor. – Cara, isso é a coisa mais doida que eu já vi – completou, enojado.

Eu ouvi pessoas de uma ponta a outra do corredor se apressando para ligar a televisão, zapeando pelos canais. Estávamos curiosos para saber o que teria tirado Satchmo de seu silêncio regimental de costume.

Liguei minha TV, mas não vi nada que parecesse importante o suficiente para animar Satchmo, que todos sabíamos que só se interessava por questões internacionais e assuntos políticos. Como fazia questão de lembrar a todos, ele era um revolucionário, pró-IRA, pró-Kadafi, pró-Hussein, pró-Castro, pró qualquer coisa que se opusesse aos Estados Unidos.

– Ei, Jarvis – disse meu vizinho, Percy. – O que está acontecendo, cara? No Canal Sete só tem um bando de criancinhas comprando fantasias de Halloween.

– É, eu sei – falei, achando que Satchmo talvez tivesse se enganado.

– É isso mesmo! – gritou Satchmo. – Deem uma olhada. Cara, esses idiotas estão vendendo fantasias de Halloween do O.J. Simpson, com a faca ensanguentada e tudo. Estão vendo aquela criança ao fundo? Veja o que ela está vestindo!

– Uau! Putz, veja isso, Jarvis! – exclamou Percy.

Eu vi um garotinho, que parecia ter oito ou nove anos, usando uma máscara de O.J. Simpson, uma blusa de uniforme de futebol americano ensanguentada com o número 32 e uma luva preta. O menino segurava uma faca de borracha.

– Que merda é essa... – meio que sussurrei.

O repórter estava entrevistando o gerente da loja, que ostentava um sorriso gigante enquanto falava, orgulhoso, do lucro que seu estabelecimento estava tendo com a venda das fantasias. Enquanto ele falava, o garoto, com a faca erguida, começou a perseguir uma garotinha pelo corredor. Meu estômago revirou algumas vezes.

– Corra, O.J., corra! – gritou alguém no fim do corredor, em seguida começou a rir.

– Cara! Você é doente – disse Satchmo.

– Ah, pro inferno com você e o O.J. – gritou outra voz para Satchmo.

Eram os dois malucos no fim do corredor. Eles costumavam aproveitar qualquer oportunidade de chamar a atenção de todos se comportando como idiotas.

Desliguei minha televisão. Aquele trecho do noticiário tinha me deixado nauseado. Por um instante, me senti verdadeiramente afortunado por estar no corredor da morte, prestes a ser executado. Eu não precisaria viver em meio a essa sociedade doentia.

– Jarvis, o que você acha de toda essa merda, cara? – perguntou Percy.

– É péssimo – murmurei. Meus pensamentos tinham me dado dor de cabeça. – Que tipo de pessoa seria capaz de bolar uma fantasia como aquela? Ou pior: comprar uma para o próprio filho?

– Não faço a menor ideia – respondeu Percy. – Não me admira que tantos jovens de apenas doze ou treze anos estejam cometendo assassinatos hoje em dia. As coisas estão realmente muito doidas lá fora.

116   ENCONTRANDO A LIBERDADE

– É uma doença – disse Cochise, cuja voz baixa mal podia ser ouvida a poucas celas de distância. – É uma coisa que vai além de brancos ou negros, que se alimenta das impurezas da condição humana, cara. Se não tivesse sido esse negócio do O.J., ela teria simplesmente encontrado outra coisa da qual se alimentar.

– Que tipo de doença, Cochise? – perguntou Little Chuck, que ficava na cela ao lado da dele.

Aos dezenove anos, Little Chuck havia ganhado o título de uma das pessoas mais jovens no corredor da morte... uma notoriedade que não apreciava.

– A natureza humana... a morte... o que mais seria? Cara, eu realmente acredito que, em algum nível primitivo, as pessoas acham a morte fascinante. Faz parte da natureza humana querer se aproximar ao máximo daquilo que tememos. Como esses pais vestindo o filho com uma fantasia ensanguentada. É bem canibalístico se parar pra pensar... a sociedade se retroalimentando.

– Você tem razão, Cochise – disse Percy. – O problema é a nossa cultura. Pô, esses garotos de hoje são capazes de meter uma bala na sua cabeça só pra descobrir qual é a sensação. Vocês se lembram de quando aquela mulher foi estuprada e morta e todos os vizinhos simplesmente assistiram a tudo e não fizeram nada?

– Acho que o buraco é mais embaixo, cara – continuou Cochise. – Não consigo parar de pensar em qual vai ser o próximo massacre.

– Ei, vocês realmente querem saber quem são os sanguessugas responsáveis por essas coisas? – perguntou Satchmo.

Sempre valia a pena ouvir as ideias dele. Satchmo estava preso havia mais de vinte e cinco anos, não todos eles no corredor da morte, e era um dos poucos prisioneiros ainda envolvido com movimentos políticos que existiam no sistema prisional. Eu gostava de ouvi-lo. Ele falava como se estivesse diante de milhares de pessoas, sua voz forte ecoando por todo o corredor. Tinha uma maneira fácil e cativante de prender a atenção, mesmo que, como eu, você não concordasse com tudo que ele dizia.

– São os parasitas capitalistas – disse Satchmo. – Oportunistas sedentos por sangue. Pessoas que seriam capazes de vender o túmulo da própria avó. É assim que funciona a sociedade: você precisa ganhar muitos dólares, mesmo que tenha que pisar em todo mundo para isso. Uma sociedade contaminada produz crianças contaminadas. Ora, vocês estão surpresos que as crianças estejam se tornando máquinas de matar em miniatura? Elas nascem num sistema perverso que lhes ensina que exploração é equivalente a sobrevivência.

Ele fez uma pausa antes de continuar:

– Vocês se lembram de quando eram crianças e tinham que ir à igreja todos os domingos e viam sua mãe colocar dinheiro nos cestos de doação? Diziam que era para o homem na cruz, para o morto. Mas ninguém que colocava dinheiro no cesto se beneficiava dele, e todo mundo sabia de onde o pastor tirava o dinheiro para comprar um belo carro novo. O pastor sacaneava aquelas pessoas, mas elas se recusavam a admitir e continuavam voltando à igreja todos os domingos. Essa merda condiciona você a continuar se submetendo.

Satchmo parou de falar abruptamente, deixando-nos na expectativa. Ele tinha capturado a atenção de todos no corredor, todos os dezessete detentos, incluindo os malucos. Todos queríamos que ele continuasse, mas ninguém disse nada. Ele se esquivou do nosso silêncio como um espadachim habilidoso, esperando o momento certo de atacar.

– Mas e... – começou Chuck, mas Satchmo o interrompeu.

– Cara! O gerente daquela loja é igualzinho ao pastor. A única diferença é o que está dentro dos pacotes que eles vendem. E o desejo de espiar o que está lá dentro revela o pior nas pessoas; quando olham, elas perdem partes de si mesmas. Merda, eu não tenho como censurar gente como o gerente da loja e o pastor; você ensina um cachorro a brigar e ele vai estar sempre disposto a morder. Parasitas são o que são, não passam disso! Esses pais, por outro lado, deveriam ter mais juízo.

118 ENCONTRANDO A LIBERDADE

Dessa vez, Satchmo concluiu o que queria dizer. Tenho minhas dúvidas se todos compreenderam. Mas não fazia o estilo dele se explicar; ele falava sem ser interrompido, em seguida recolhia sua voz profunda e penetrante de volta para sua cela, deixando um vácuo para trás.

Por algum tempo, ninguém disse nada. O silêncio foi finalmente quebrado quando uma música começou a flutuar pelo corredor, como se um filme tivesse acabado de terminar; era uma canção de Marvin Gaye vinda do rádio de alguém: "What's Going On?".

– Ei, vocês todos acham que o O.J. é culpado? – perguntou Chuck.

– Droga, quem se importa? – respondeu Percy. – Eu não sei se aquele cara é culpado ou não. E não tô nem aí, porque isso não é da minha conta. Inferno! No que me diz respeito ele pode ser tão culpado quanto Ted Bundy ou tão inocente quanto os caras naquele documentário... vocês sabem qual é, *A tênue linha da morte*. Ainda assim, não tem nenhuma desculpa para a sociedade explorar essa tragédia.

– Foi quase como testemunhar abuso infantil na televisão – comentei. – A psicologia por trás é a mesma. Isso me incomoda. Machuca. Queria saber pra onde esses pais acham que estão direcionando os filhos com essa loucura, sabe?

– Fácil! Para o corredor da morte de San Quentin! – gritou um dos malucos. – Eles vão mandar os filhos direto pra cá, pra ficar no nosso lugar. Não vai demorar muito para todas aquelas facas de brinquedo se transformarem em algo bem mais afiado, esperem só... Vai ser rapidinho! – e riu descontroladamente até começar a tossir.

O corredor ficou em silêncio.

*"What's going on, tell me, what's going on?"**, cantava Marvin Gaye.

---

* "O que está acontecendo, me diga, o que está acontecendo?" (N. da. E.)

NUM SONHO RECORRENTE QUE TENHO, *vejo pessoas se reunindo para assistir à minha execução; uma centena delas. Consigo identificar apenas uma: eu. Estou assistindo à minha própria execução. Esse outro "eu" assiste quando as tiras de couro são afiveladas com força em torno dos meus pulsos e dos meus tornozelos enquanto permaneço sentado numa câmara de gás no formato de uma cápsula verde. Há uma comunicação silenciosa entre nós. Eu sei que vou ser executado para que o "eu" que não vai possa viver em paz. Ele e eu relembramos os anos que compartilhamos, habitando o mesmo corpo humano. Então, quando começo a me asfixiar com o gás, o outro "eu" tem a sensação de que seu corpo se eleva a centímetros do chão e flutua. Ele percebe, admirado, que consegue enxergar através das mãos e do corpo de todos os presentes. A única pessoa que não consegue ver sou eu, sentado na câmara, morrendo sufocado. Então acordo.*

PARTE III
ENCONTRANDO A LIBERDADE

As estrelas cintilantes da noite,
celebrando o sonho da vida;
enquanto a paz permanece imóvel.

DURANTE UM BOM TEMPO, FUI um desconhecido para mim mesmo, mas todas as coisas pelas quais passei durante o meu processo de aceitação me levaram até as portas do darma, o caminho budista.

Durante o julgamento em que fui sentenciado à morte, Melody, uma investigadora particular que trabalhava no meu caso, me mandou livros sobre meditação, como lidar com a dor e o sofrimento, como manter a mente tranquila. Ela havia fraturado o tornozelo e não podia se mexer muito. Nós dois estávamos tentando desenvolver a prática da meditação, e, como eu, ela se confrontava com muitas coisas de seu passado. Melody também começou a escrever, e me encorajou a fazer o mesmo.

Comecei a acordar cedo para tentar acalmar a mente e não entrar em pânico. Era como se minha vida inteira estivesse passando numa tela durante o julgamento da pena de morte. Coisas que eu nunca tinha percebido a meu respeito e a respeito da minha vida foram apresentadas a mim e ao júri ao mesmo tempo. Perguntas que eu nunca tinha feito à minha mãe – por quanto tempo ela havia sofrido abusos, morado na rua, se drogado – estavam sendo feitas agora. Por meio da meditação, aprendi a desacelerar e respirar fundo algumas vezes, absorver tudo, não fugir da *dor, mas me sentar com ela e encará-la de frente, dar-lhe a companhia que nunca teve. Passei a me dedicar com afinco à prática da meditação.*

Quando estava na cela de detenção enquanto o júri deliberava se eu deveria ser condenado à prisão perpétua sem direito a condicional ou à pena de morte, comecei a folhear uma revista budista que Melody tinha deixado lá. Nela havia um artigo intitulado "A vida em relação à morte", escrito por um lama budista tibetano, Chagdud Tulku Rinpoche. Eu pensei: "Nossa! Isso é exatamente do que eu preciso!".

Enviei uma carta para o endereço no jornal e recebi uma resposta de uma mulher chamada Lisa, uma das discípulas mais próximas do Rinpoche, com uma cópia de um de seus livros, Vida e morte no budismo tibetano. *Na época, eu tinha me envolvido numa confusão e estava na solitária, vestindo apenas shorts e uma camiseta, com apenas dois lençóis. Em sua carta, Lisa perguntava se eu precisava de ajuda. Eu sempre precisei de ajuda, ainda preciso de ajuda, e por causa da ajuda que ela ofereceu começamos a nos corresponder. Depois Lisa começou a me visitar e, por fim, levou Rinpoche até San Quentin.*

Quando vi Rinpoche pela primeira vez através do vidro da pequena cabine de visitantes, pensei: "Ah, merda, onde foi que eu me meti. O cara é um lama de verdade. Do Tibete. Olhe só pra ele. Aposto que tudo que está vestindo é abençoado".

Conclui que havia duas maneiras de me apresentar. Poderia cumprimentá-lo normalmente, ou poderia me curvar em reverência. Eu me curvei. Então ele se curvou. Por que eu tinha achado que ele não ia se curvar? Ele passou a vida se curvando.

Pensei: "Passei os últimos três anos lendo sobre lamas e agora tem um de verdade aqui". Eu sabia que a única coisa que poderia fazer era dizer a ele exatamente o que estava pensando. Se mentisse ou fosse evasivo, ele saberia.

Eu me apaixonei por ele pelas mesmas razões que todo mundo. Sua história de vida foi a minha chave. Ele havia sido um jovem rebelde. Não nascera em berço de ouro. Era um cara enérgico que me repreendia quando eu precisava ser repreendido. Ele sabia do que estava falando, e dizia as coisas de uma maneira que eu entendia. Tinha uma certa sagacidade. Uma ferocidade compassiva. Era um lama que comia carne-seca, que ficava chateado e que tinha a joia da compaixão em si. A única coisa que ele não fez foi dizer tudo isso a mim. Eu simplesmente senti. Pensei: "Eis um cara que pode me tirar da prisão mesmo que eu permaneça aqui. Ele não vai me vestir com trajes budistas, mas vai me aceitar como eu sou". Eu confiava em sua índole.

EM BUSCA DE SILÊNCIO

Naquela manhã, acordei às quatro em ponto, mais cedo do que de costume, para começar minha prática de meditação. Tentando não perturbar ninguém que estivesse dormindo nas celas próximas, andei até a pia na ponta dos pés, vestindo apenas os shorts, para lavar o rosto.

Pegando um lençol do meu beliche, dobrei-o até formar um pequeno tapete. O silêncio dava a San Quentin um ar de cemitério. Espiei pela janela diante da minha cela a geada da noite, me perguntando como aquela prisão – tão violenta à luz do dia – podia parecer tão placidamente bela sob os holofotes intensos e atentos das torres de vigia. Os rígidos feixes de luz pairavam no ar a distância.

Coloquei o lençol dobrado no chão na parte da frente da minha cela. Aqueles períodos de silêncio, respirando suavemente até atingir um estado de relaxamento, eram as experiências mais raras e maravilhosas em todos os meus anos de encarceramento. Eu me sentia calmo enquanto ficava sentado de pernas cruzadas, voltado para a frente da cela. Aos poucos, minha mente foi se esvaziando.

128 ENCONTRANDO A LIBERDADE

Estava sentado lá havia mais ou menos 45 minutos quando comecei a me sentir completamente relaxado, a sentir toda a tensão em meus músculos começar a se esvair, e o silêncio foi rompido por um berro bem alto.

– É comida ou porrada!

A voz veio de uma cela não muito longe da minha.

– É melhor virem me dar comida ou virem me dar porrada, estão ouvindo, seus filhos da mãe? – rugiu a mesma voz.

– Ei, cara! – gritou um detento irritado. – Por que não cala a merda da boca? Tem pessoas tentando dormir aqui! Vão nos dar comida quando estiver na hora de comer.

– Ei, por que vocês *dois* não param com essa maldita berraria? – exclamou uma terceira voz.

– Ah, vá pro inferno – respondeu a voz próxima. – Você não manda aqui, otário.

– Quem você tá chamando de otário, otário? – questionou a voz, irritada.

– Você, seu desgraçado. Você não manda em mim. Eu faço o que bem entender nesta prisão.

– Então por que não cala a boca?

– Por que todos vocês não calam a boca? – interveio outra voz irritada. – Todos vocês, idiotas filhos da mãe, deveriam calar a boca e deixar as pessoas dormirem.

– E quem diabos é você? – perguntou a voz mais próxima de mim.

– Quem diabos é *você*, criando toda essa algazarra? É melhor parar de uma vez com essa merda de "quero comida agora" e deitar a maldita cabeça no travesseiro. Você não é maluco, então pare de se comportar como um.

– Não, eu sou seu papai, otário! É isso que eu sou! – gritou a voz próxima. – E você não diz ao papai o que fazer, sacou? Eu faço o que me der na telha, como já disse ao último escroto.

– Se você é meu papaizinho – veio a resposta –, então por que não chupa o meu pau?

– Você nem tem um pau, sua bicha. O que você tem entre as pernas é uma boceta.

– Se você tá vendo uma boceta, por que não chupa, seu puto?

– Sua mãe é que é uma vaca, otário!

– *Quem* você chamou vaca?

– *Queeeem*? – gritou a voz próxima. – Como assim "quem"? Não se faça de idiota. Eu disse que a sua mãe é uma vaca. A... sua... mãe. Você me ouviu da primeira vez.

– Tudo bem. Vamos ver quem é a vaca aqui! Quando destrancarem as portas e abrirem todas as celas, vamos ver quem é a vaca de verdade, você ou eu, seu merda.

– Vamos deixar as portas darem o sinal, porque, cara, eu não tô nem aí. Pode vir com tudo.

– Ah, mas eu vou – disse a voz com frieza. – Pode apostar.

Fiquei sentado em silêncio, ouvindo as vozes enfurecidas. San Quentin havia despertado antes que eu conseguisse chegar a um estado meditativo, e agora, enquanto observava a luz da manhã surgir na janela, a única coisa na qual conseguia pensar era em como evitar ser esfaqueado por engano quando todas as celas fossem abertas.

O BONÉ DO DALAI LAMA

ERA UM BELO DIA, E nós todos estávamos satisfeitos por estarmos fora das celas, no pátio de exercícios. Todos queriam usar a câmera fornecida pelo estado para tirar fotos. Eu fui eleito o fotógrafo.

– Ei, Jarvis, pode me emprestar seu boné para eu usar na foto que vou mandar para minha filhinha? – pediu Eddie.

– Claro! Não vejo por que não.

Tirei o boné e o entreguei a ele.

– Obrigado! Fico muito grato.

– Sabe – falei enquanto Eddie ajeitava o boné na cabeça –, dentro desse boné tem um pedaço de tecido benzido pelo Dalai Lama.

– Quem?

– O Dalai Lama!

– Quem é Dalai Lama?

– É um sacerdote budista muito conhecido… o sumo sacerdote da religião budista.

– Sério? – Eddie hesitou, como se estivesse em dúvida sobre manter o boné na cabeça.

O boné do Dalai Lama   131

– O que foi?

– Cara, você não tá tentando me jogar um feitiço não, né?

Eu ri.

– Não, na verdade o boné vai abençoá-lo. Talvez até ilumine o seu sorriso, apesar de você raramente sorrir.

– Cara, você tem certeza de que ele não vai fazer nada comigo? Porque eu nunca ouvi falar de Dalai Lama nenhum.

– Não, não vai! Vamos tirar a foto de uma vez, Eddie!

– Está bem, cara! Tire a foto, mas se sair manchada ou distorcida, como se tivesse sido amaldiçoada, você vai ter que me reembolsar com outra.

– Tudo bem, vamos logo, Eddie!

Quando a foto Polaroid se revelou diante de nós, um rosto sorridente surgiu.

– Caramba! Nesta foto eu pareço muito mais humano, não acha?

Ele me mostrou a foto.

– É, parece. Mas acho que você sempre foi humano. Só precisa sentir isso.

– Verdade, vou tirar mais fotos assim – disse ele.

– E aí? Pode me devolver meu boné agora? – pedi.

– Claro. Tome – disse ele. – Ei, qual é o nome do cara mesmo?

– Dalai Lama.

– Você não acha que ele me fez sorrir, acha?

– Por quê?

– Ah, sei lá – respondeu Eddie, ainda olhando para a fotografia, surpreso. – É só que meu sorriso parece muito mais genuíno do que a minha sensação antes da fotografia.

– E qual era a sua sensação?

– Ah, de que eu ia ser amaldiçoado por usar o seu boné!

Nós dois soltamos uma gargalhada.

A VIOLÊNCIA EM SAN QUENTIN *piorou muito nos últimos dias. A data determinada para a execução de outro detento no corredor da morte é a principal razão externa para isso; a razão interna para alguns, acho, é que não estamos encontrando formas de manter nossas válvulas de escape abertas e nos libertar dos sentimentos que nos sufocam.*

Um cara descreveu essa situação para mim dizendo: "Na semana passada, o teto estava a um metro e meio de mim. Então, três dias atrás, estava a apenas trinta centímetros, e na noite passada fiquei com uma câimbra infernal no pescoço por tentar dormir de lado porque o maldito teto parecia tão próximo do meu rosto que eu não conseguia nem virar para o outro lado".

Nós estávamos no pátio de exercícios juntos. Quando sugeri que ele meditasse comigo um dia, ele apenas riu e foi embora.

É tão difícil integrar minha prática de meditação a todo o sofrimento aqui. Ao tentar viver uma vida que reflita os caminhos do Buda, eu falho continuamente! Eu sei tão pouco! A minha meditação simplesmente me ajuda a continuar. A prática é a minha melhor companhia.

A CERIMÔNIA DE EMPODERAMENTO

ERA MEIO-DIA QUANDO MEU NOME foi chamado. Um dos guardas me algemou e me escoltou até o prédio de visitas da prisão. Eu repeti silenciosamente a oração a Tara enquanto me encaminhava para lá, até o momento em que meus olhos encontraram os do Rinpoche pela segunda vez na minha vida.

Depois de dez anos de encarceramento, eu tinha um medo genuíno de me referir a mim mesmo como budista e de ser visto por prisioneiros sentado com as pernas cruzadas, rezando ou meditando. A meditação era, para mim, uma prática silenciosa que, na medida do possível, eu mantinha em segredo dos meus colegas detentos e dos guardas da prisão, de modo que permanecia profunda e pura em meu coração quando me sentava todas as manhãs na hora mais tranquila do dia a dia na prisão.

Eu estava especialmente inquieto por causa da possibilidade de ser visto recebendo um empoderamento, uma introdução formal ao budismo vajrayana. Meu pedido para receber o empoderamento numa sala privada na prisão tinha sido negado. A presença do Rinpoche, acompanhado de um intérprete, no salão de visitas, certamente deixaria todo mundo curioso. Ao mesmo tempo que meu coração apreciava essa oportunidade, outras vozes dentro de mim a questionavam. Será que aquilo não era apenas uma fase pela qual eu estava passando? Será que mais tarde eu trairia a mim mesmo e o caráter sagrado daquele empoderamento? Será que eu *era* budista? Será que faria votos que iam exigir que eu sacrificasse a minha vida? Como ia responder a toda a violência à minha volta?

Na prisão, ninguém acredita que a conversão a uma religião seja real. A maioria dos detentos acha que qualquer pessoa que subitamente adota uma religião está jogando um jogo ou usando-a como um artifício para sair do sistema. Os detentos se distanciam dos presos religiosos, acreditando que a religião os torna fracos.

Eu havia passado quase um ano superando todas essas dúvidas, uma por uma, por meio da meditação e dos ensinamentos do Rinpoche. No entanto, todas elas tinham de alguma forma ressurgido na manhã da cerimônia. Pela prisão ecoava a vulgaridade de centenas de detentos xingando, discutindo e gritando ao mesmo tempo. Tentei ignorar tudo isso, como fazia na maior parte das manhãs, ao meditar, mas estava muito inquieto.

Fiquei apenas sentado, repetindo a oração à Tara Vermelha, a versão feminina do Buda, a personificação da sabedoria. Lisa a havia me ensinado muito tempo antes, para ajudar na minha prática e me preparar para um futuro empoderamento. "Ó, Ilustre Tara, por favor, tenha consciência de mim. Remova meus obstáculos e rapidamente conceda minhas excelentes aspirações." A cada repetição eu buscava forças para afastar minhas preocupações, para me abrir por completo para o empoderamento, para abraçar o dia da minha primeira proclamação do budismo.

Lembrei o que alguém tinha me dito muito tempo antes: "Tudo que você precisa é de um coração puro. O que está no seu coração é o mais importante de tudo. Ouça atentamente o que ele lhe diz". Era isso que eu estava fazendo. Sentia-me afortunado.

★ ★ ★

A cerimônia de empoderamento 135

Eu me sentei diante do Rinpoche, encarando-o através do vidro. Com ele estava Tsering, uma discípula próxima, que o acompanhava para servir de intérprete. Melody também estava lá, para celebrar aquela experiência comigo, e, por sorte, ela tomou nota. Nós nos cumprimentamos afetuosamente enquanto as pessoas que tinham ido visitar os outros prisioneiros nos observavam.

Eu peguei o telefone. Tsering pegou o telefone no lado deles da cabine. Com um grande sorriso, ela me perguntou como eu estava. Eu sorri de volta e garanti a eles que estava ótimo. Estávamos todos sorrindo. Então Tsering se voltou para o Rinpoche para ouvir suas palavras.

Ela voltou a me encarar.

– O Rinpoche quer saber se sua mente está límpida.

– Sim, acho que sim – respondi.

Eis minha melhor lembrança das palavras do Rinpoche:

– Você pode achar que suas circunstâncias são incontornáveis e que não servem a nenhum propósito. Mas as dificuldades não são causadas pelos outros; elas são resultado dos seus próprios pensamentos e ações anteriores. Isso é o que chamamos de carma; nossas ações dão origem a nossas experiências futuras.

"Por meio da prática espiritual, purificamos o carma que criamos no passado ao mesmo tempo que criamos as condições para a felicidade futura e para um possível despertar, ou iluminação. Assumimos um compromisso: 'Eu confio no Buda; no darma, os ensinamentos do Buda; e na sanga, aqueles que praticam esses ensinamentos. Não vou fazer mal a ninguém com meu corpo, minhas palavras ou minha mente'. Se mantiver essa promessa, não vai gerar infelicidade futura para si mesmo e para os outros. Isso se chama voto de refúgio. Ele lhe dá proteção; da mesma maneira que se não beber veneno, você não ficará doente.

"Mas não basta pensar apenas em poupar a nós mesmos do sofrimento, pois todos sofrem. As pessoas não se dão conta de que pensar apenas em si mesmas é algo que se volta contra elas, resultando num carma ruim. É por isso que também prometemos sempre pensar nos outros, ajudá-los a crescer na mente e no coração. Agora, no entanto, não somos plenamente capazes disso, então nos dedicamos à prática espiritual, eliminando nossas faltas e aumentando nossa capacidade de ajudar.

"Em seu coração, repita esta promessa três vezes: 'Eu confio em Buda, no darma e na sanga. Deste dia em diante, não farei mal a ninguém. Vou me dedicar com afinco à minha prática espiritual a fim de atingir o objetivo da iluminação, eliminando todas as faltas e revelando todas as qualidades positivas, de forma que eu possa ser uma fonte infindável de bem para os outros. Essa vai ser minha prioridade todos os dias, mesmo que isso me custe a vida'."

Depois de alguns momentos, eu repeti esse voto solene.

O Rinpoche continuou:

– Você fez o voto de refúgio e o voto de bodisatva, o voto daquele que escolhe viver como um abnegado. Agora você é um bodisatva.

Eu queria ter certeza de que estava entendendo completamente.

– Ajudar os outros pode me custar a vida neste lugar. Posso guiar meu voto pelo bom senso? Posso usar minha inteligência para não causar minha própria morte?

– Se você ajudar uma pessoa hoje e isso lhe custar a vida, há benefício, mas apenas para uma pessoa – respondeu o Rinpoche. – Mas se treinar sua mente de modo a ajudar da melhor maneira, ajudará muitos... centenas, milhares, um número infinito de seres.

"Este empoderamento é a entrada para o budismo vajrayana, um caminho muito rápido para a iluminação. Em geral, a cerimônia é realizada com vários objetos rituais, mas o objetivo é tocar sua mente. Como o carma é criado com seu corpo, suas palavras e sua mente, precisamos purificar todos os três. No budismo vajrayana, fazemos isso praticando o reconhecimento, por intermédio da meditação, da pureza inerente de nosso corpo, nossas palavras e nossa mente...

A cerimônia de empoderamento 137

"Uma das maneiras de compreender a natureza mais profunda de nossa experiência é pensar nesta existência como um sonho. A iluminação é o despertar, conseguir se libertar do sonho de sofrimento. Por meio da meditação passamos a compreender que tudo é como uma ilusão...

"Assim como os filmes na verdade são apenas luz sobre celofane, perceba que tudo isto é na realidade o filme da sua mente. Tente compreender que a verdadeira natureza de seu corpo, de suas palavras e de sua mente é imortal, perfeita e pura...

"Seus pensamentos, sejam eles bons ou ruins, simplesmente vêm e vão, são apenas descargas em seu cérebro, ao passo que a essência da mente é aberta, presente, consciente.

"Há duas maneiras de modificar sua mente. Uma é pensar, pensar, pensar. A outra é abandonar o pensamento e apenas deixar que a mente se aquiete...

"De agora em diante, sua prática espiritual vai envolver estes três compromissos: ser pacífico, ser benéfico e ser puro. No fim das contas, você vai reconhecer sua própria natureza pura. Enquanto o sonho da vida parecer real, você vai vivenciar o céu e o inferno, vai se deparar com pessoas benéficas e nocivas. Isso são apenas demonstrações da pureza e da hostilidade da mente. É como estar cercado de espelhos: se estamos sujos e feios, é isso que vamos ver. Precisamos nos limpar para que a imagem no espelho mude. É tudo um trabalho da mente.

"Por exemplo: uma pessoa pode achar que não há nada pior do que viver numa prisão, mas uma pessoa que vive numa linda casa pode ser tão infeliz que tira a própria vida. Não importa quanto você esteja sofrendo, tem sempre alguém que está sofrendo mais...

"A vida é impermanência. Todos que nascem um dia vão morrer, mas não sabemos quando. A única coisa da qual temos certeza é o momento presente. Cada momento é uma chance de praticar esses três compromissos. É assim que nos libertamos do ciclo da existência cármica.

"No fim de cada dia, confesse seus pensamentos e suas ações negativos e reforce o compromisso com sua prática espiritual, fazendo seus votos novamente. Todo o mérito, toda a energia positiva que você cria ao longo da sua vida, dê a todos os seres, tanto a vítimas quanto a agressores, a animais e tudo o mais. Toda vez que fizer uma coisa boa, abra mão instantaneamente do mérito."

Parecia tão fácil quando ele falava.

– Eu me sinto puro quando estou na sua presença – disse a ele. – Mas é fácil esquecer.

– Lembre-se dos três passos – insistiu o Rinpoche. – Primeiro, peça a ajuda de Tara. Segundo, com um arrependimento sincero pelo mal que causou, confesse seus erros. Terceiro, renove seus votos de não causar mal, de tentar ajudar e de reconhecer a pureza. Visualize as bênçãos de Tara na forma de luz e néctar purificando-o, deixando-o limpo, preenchendo-o com alegria. Reze e visualize a luz e o néctar abençoando você e todos os seres.

– Se eu tiver tratado alguém injustamente, tenho que dizer isso à pessoa? – perguntei.

– Isso pode ou não ajudar. O mais importante é confessar a si mesmo e rezar por essa pessoa.

Nossa visita durou quase duas horas. Depois do término do empoderamento, ficou muito difícil ouvir qualquer coisa ao telefone. O ruído dos detentos falando com seus visitantes numa sucessão de aparelhos telefônicos me impedia de ouvir os meus próprios visitantes. Será que o barulho estava tão alto assim durante o empoderamento? Eu tinha a sensação de ter tirado plugues dos ouvidos, era como se eu tivesse atravessado novamente o grande portão da realidade prisional.

Ao fim da visita, agradeci a Melody por estar lá e pedi a ela que agradecesse ao Rinpoche por suas muitas bênçãos. Disse a ela que não tinha conseguido me expressar por completo diante dele e de Tsering porque sentia uma gratidão grande demais crescendo dentro de mim e não queria ser visto naquele estado emocional. Melody compreendeu. Ela colocou o telefone no gancho e foi embora, acenando junto com o Rinpoche e Tsering. Eu acenei de volta.

Enquanto esperava o guarda que ia me escoltar de volta para o meu pavilhão, um detento me chamou e me perguntou se eu era budista praticante. Eu hesitei. Quando ia começar a responder, um guarda apareceu e se postou entre nós para ouvir o que estávamos conversando. Quando olhei para o guarda, ele desviou o olhar.

– Claro que sou – falei ao outro prisioneiro. Olhei para o guarda. – Talvez haja um pouco do Buda em todos nós.

O guarda se voltou para mim com um sorriso surpreendentemente simpático e em seguida se afastou. Eu fiquei admirado! Olhei novamente através do vidro com uma forte sensação de que o Rinpoche ainda estava lá e me curvei três vezes diante da cadeira vazia.

COMPREENDER A IMPERMANÊNCIA – que as coisas estão aqui hoje e não vão estar mais amanhã – me ajuda bastante. Não importa quão ruim uma coisa seja, você pode dizer a si mesmo: "Caramba, pelo menos isso não vai durar muito". Então, quando não dura, você pode rir e dizer: "Ah, eu sabia!". Tudo o que vai volta, e o que volta não dura. Todos têm sua vez: a polícia pune você injustamente, a luz se apaga, tem uma barata na sua sopa.

Minha única e verdadeira esperança é permanecer no meu centro, sem ansiar por nada de bom nem temer nada de ruim. É muito libertador, porque quando coisas boas acontecem e você se apega a elas, acaba sofrendo quando as coisas ruins inevitavelmente chegam. É preciso aprender a aceitar ambas.

Sei como é perder a mãe. O Rinpoche conta uma história sobre uma mulher cujo filho morre. Ela procura um lama, e ele diz a ela para tentar encontrar alguém que não tenha perdido ninguém. Ela vai de casa em casa, de aldeia em aldeia, até concluir que todo mundo já perdeu algo ou alguém. Então ela começa a sentir mais dor por elas do que por si mesma. E acaba passando metade de seu tempo ajudando outras pessoas. E é isso o que a cura.

Imagino que, ao ensinar meditação no mundo fora da prisão, uma pessoa está ensinando as outras a se aprimorarem. Aqui eu aprendo a não mergulhar ainda mais fundo neste inferno. Aprendi ainda mais sobre as coisas que não quero fazer: xingar outros detentos ou guardas, discutir por duas horas sobre se a carne do almoço está ou não estragada. Eu não quero me irritar por causa de coisas assim.

Cada esforço que faço para amar significa que não preciso sentir ódio. Quando sou compassivo, toda a minha energia vai numa direção positiva, e não há lugar para a negatividade. Meu carro não pode andar para trás, ele só anda para a frente.

ROSTOS RAIVOSOS

– Caramba, Jarvis. Está assistindo ao noticiário? – perguntou meu novo vizinho de cela certa tarde.

Eu estava relaxando, lendo um livro sobre meditação.

– A TV está ligada no noticiário, mas não tô assistindo – respondi, olhando para a televisão. – Por quê, o que aconteceu?

– Ah, cara! Dê uma olhada no Canal Sete. Estão mostrando um comício da Ku Klux Klan em Louisiana. Os caras da Klan não param de gritar sobre esse lixo de supremacia branca. Saca só: esses idiotas estão falando sobre como os judeus e os negros estão destruindo os Estados Unidos. Você ouviu o que eles estavam dizendo?

– Não, cara. Não ouvi, não. Abaixei o volume da TV. Estou só usando a luz da televisão para ler. Mas vi um monte de rostos raivosos e cartazes racistas.

– Ah, tá – disse Omar. – Desculpe, cara. Eu não queria atrapalhar a sua leitura.

– Tudo bem. Não fico chateado por você comentar comigo alguma coisa importante no noticiário. Se vir algo interessante, pode me contar.

Rostos raivosos 143

– Ok, pode deixar! Posso fazer isso – respondeu Omar, encerrando a conversa.

Cerca de dez minutos depois, ele gritou:

– Ei, Jarvis! Está vendo todas essas pessoas reunidas? Deve ter umas mil fazendo uma passeata em São Francisco. Viu?

– Uau! – respondi, dando uma olhada no grande protesto passando na tela. – Por que estão protestando?

– É um protesto pelo meio ambiente. Estão exigindo o fim da derrubada de árvores em alguns lugares e de toda essa matança sem sentido de animais selvagens. Estão dizendo que o planeta está sendo destruído e que um número cada vez maior de animais está perto da extinção.

– Sério? Dá pra perceber só de olhar que eles estão revoltados. Está vendo aquela mulher enfurecida ao microfone e todos aqueles manifestantes segurando cartazes, gritando e sendo presos? Ei, eles devem estar com muita raiva para estarem gritando desse jeito e arriscando ir parar na cadeia.

Pouco depois, Omar gritou:

– Ei, Jarvis, ainda tá assistindo? O presidente e todos aqueles congressistas estão brigando e discutindo em cadeia nacional, cada um tentando convencer o público de que a culpa dessa economia horrível é do outro.

– É, estou vendo. É por isso que eles estão discutindo? Dá pra ver que estão exaltados por causa de alguma coisa. Aquele senador… cara, ele está quase cuspindo. Mas sabe o que é realmente interessante, Omar?

– Não, o quê?

– Bem, pela primeira vez, notei uma coisa… a raiva e a amargura no rosto desses congressistas e do presidente dos Estados Unidos são as mesmas no rosto de todos aqueles ambientalistas e dos membros da Ku Klux Klan. A única diferença é que os caras da Klan estão vestindo roupas cáqui e capuzes, os manifestantes estão vestidos para serem presos e os congressistas e o presidente estão usando ternos bem caros.

– Nunca tinha visto as coisas dessa forma – comentou Omar. – Eu fico com raiva quando vejo a Klan na TV ou quando vejo tudo que está acontecendo. Mas até agora nunca tinha pensado que todos ficamos com a mesma expressão de raiva, Jarvis.

– É, e isso não é muito louco? – falei. – Mas é algo a se pensar; aprender a enxergar o sofrimento de todas as pessoas, não apenas a frustração daquelas com as quais concordamos. Caso contrário, sejamos honestos, a única coisa que realmente queremos fazer é meter a porrada em alguns membros da Klan.

– Ah, cara… quem me dera! – gemeu Omar. – Acho que não sou capaz de fazer isso. É demais pra mim.

MAXISMO

Q̲UANDO UMA DAS MINHAS AMIGAS me mandou um excelente poema que tinha escrito sobre a aids, eu soube que tinha que compartilhá-lo com Max, que tem aids. Como ele ficava numa cela em outro andar do pavilhão, a única maneira de mostrar o poema a ele seria levando-o escondido para o pátio de exercícios. As regras da prisão proibiam terminantemente que levássemos qualquer coisa lá para fora.

Enquanto Max e eu caminhávamos no ar frio congelante, conversei com ele sobre usar sua experiência com a doença para informar outros jovens a respeito de drogas e sexo seguro. Depois de cerca de uma hora, começou a chover. Não há abrigos no pátio, então Max e eu continuamos a caminhar ao longo da cerca. Torci para que a chuva parasse, para que eu pudesse lhe mostrar o poema, mas não parou. Ainda assim, parecia um momento perfeito para compartilhá-lo com ele, então parei Max e lhe entreguei o papel.

Ele pareceu surpreso com o fato de um budista ainda saber como contrabandear coisas para fora do pavilhão. Sorriu ao desdobrá-lo, lendo o poema em voz alta enquanto as gotas de chuva molhavam o papel. Tentei protegê-lo com as mãos, mas a chuva estava forte demais. Quando Max estava na metade, a maior parte da tinta já havia se apagado. Era como se a chuva estivesse fundindo as palavras em nossa alma.

Minha reação imediata foi exclamar: "Impermanência!". Eu tinha passado uma hora tentando explicar a Max o que era a impermanência e ali estava ela! As palavras estavam lá e, no minuto seguinte, tinham desaparecido por completo.

Algum tempo depois, ele me disse:

– Cara, toda aquela nossa conversa, com aquele poema legal da sua amiga, apesar de que quase fosse capaz de fazer um homem adulto chorar, me causou a estranha sensação de que, quando eu morrer, vou voltar.

– Como assim? – perguntei.

– Ah, cara... – disse Max enquanto a chuva caía sobre nós. – Eu tive a sensação de que, quando eu morrer, alguma coisa vai acontecer e eu vou voltar a entrar em cena, provavelmente como um rato, ou um coelho, ou algo assim, mas que isso não é o fim, entende?

– Isso me soa um pouco como budismo.

– Talvez – disse Max –, mas, por ora, vou chamar de *maxismo*.

JOE BOB

Eu já estava quase dormindo quando Louis Farrakhan começou a bradar no rádio de alguém, ecoando por todo o corredor.

– Ei, que tal um pouco de respeito? – exclamou meu vizinho.

– Quem diabos é você?

– E aí, cara, eu sou o Joe Bob, aqui na cela 94, pedindo que você tenha um pouco de respeito por mim e pelas outras pessoas nesta merda de corredor.

– Oi, Joe Bob, ou qualquer que seja o seu nome, aqui é o Khali, da cela 73, e se você quiser que eu baixe o volume do meu rádio, o problema é seu. Isto aqui é uma prisão, e se o barulho incomoda, não deveria ter vindo parar aqui.

– Sabe – disse Joe Bob –, a única coisa que estou pedindo é um pouco de respeito. É quase uma da manhã, e o que você tá fazendo é muito desrespeitoso.

– Cara, saca só! Isto aqui é San Quentin. Eu faço o que me der na telha. Não dou a mínima se forem três da manhã.

– É o que você realmente acha, não é? – disse Joe Bob. – Bem, vamos ver se vai ter a mesma atitude amanhã quando as celas forem abertas. Aí vamos ver até onde vai a sua coragem.

– Está me ameaçando? – perguntou Khali.

148   ENCONTRANDO A LIBERDADE

– Está se sentindo ameaçado?

– É, tá parecendo uma ameaça, babaca!

– Tudo bem, então – retrucou Joe Bob –, é exatamente isso que é. Considere-se ameaçado.

– Ah, vá pro inferno! – berrou Khali, colocando o rádio no volume máximo.

– Ei, Joe Bob – falei. – Você não deveria nem se dar ao trabalho de discutir com esse idiota. Você já está nesta cadeia há quase quinze anos.

– Dane-se. Eu tentei conversar direito com aquele cara. Pedi educadamente. Mas ele quis dar uma de valentão. Vou acabar com a raça daquele idiota.

– Não vale a pena – argumentei. – Deixe isso pra lá. Só deixe pra lá.

– Jay, eu sou um presidiário, esqueceu? Passei a vida toda em prisões. Trato todo mundo com respeito. Faço de tudo para ajudar outro presidiário. Sou capaz de dar até a roupa do corpo, saca? Não me importa de que cor ele seja: negro, branco, azul ou verde; um presidiário é um presidiário. Eu não desrespeito ninguém, de nenhuma maneira!

– É, eu sei disso, Joe Bob, mas...

– Não, Jarvis – interrompeu ele. – Aquele sujeito lá, ele não é um presidiário, é só ver a maneira como desrespeita o restante do corredor. Vou ser sincero com você, Jarvis. Eu fico ofendido quando detentos, pessoas como aquele cara, não entendem isso, em especial aqueles que tentam instigar problemas raciais.

– Sim, entendo o que você tá dizendo, mas...

– Jarvis, não estou nem aí se aquele cara ouve os discursos do líder negro dele, mas quando ele tenta me obrigar a ouvir, então ele está me obrigando a cumprir a pena dele, o programa dele, e eu faço o meu próprio programa.

– É, eu sei. Sei exatamente do que você está falando.

– Sou apenas um cara branco do interior – disse ele. – Eu me dou bem com todo mundo. Não me meto em disputas raciais. Respeito todas as raças.

– É, eu sei, Joe Bob, mas me ouça só por um segundo – pedi. – Esta prisão não é mais como antigamente. Aqui não há mais apenas presidiários.

Os caras que vêm para San Quentin agora são mais jovens, mais imaturos e não têm a cortesia comum que a maioria de nós tem em relação ao próximo. E esse cara no corredor colocando aquela porcaria no rádio... ele acha que isso é uma brincadeira, Joe Bob.

– Sei – respondeu Joe Bob. – É melhor você falar com ele então, antes que eu dê cabo da vida dele.

– Não se preocupe, Joe Bob, vou conversar com o cara amanhã. Só me dê essa oportunidade, está bem?

– Tá, pode deixar – disse ele. – Talvez você consiga colocar algum juízo na cabeça dele. Ele provavelmente vai ouvir, já que você é negro.

– É, acho que vai. Ele deve achar que eu e os outros negros daqui ouvimos o Farrakhan. Ele não sabe a confusão que está criando neste corredor, despertando tensões raciais.

Depois de alguns momentos, Joe Bob disse:

– Veja bem, Jarvis, você sabe que se fosse um sujeito branco ouvindo o rádio dele eu teria dito a mesma coisa. Acredite em mim, não é uma questão de branco contra negro. Não me importa quem seja. É uma questão de respeito, entende?

– Sim, eu sei, Joe Bob.

– Tudo bem, Jarvis. Acho que vou dormir. A gente conversa amanhã.

– Tudo bem, nos vemos de manhã. Mas só mais uma coisa, Joe Bob.

– O que é?

– Não quero ouvir você aí mexendo no seu esconderijo na parede e pegando nenhuma arma, entendeu? Deixe que eu cuido disso, ok?

– Ei, Jarvis, eu juro, palavra de honra! Você não vai me ouvir cavoucando a parede para pegar nada. O que estou fazendo agora é colocar a arma de volta. Estava pronto pra matar aquele garoto assim que o dia raiasse.

– É por isso que eu precisava falar com você antes que clareasse. Você não precisa de mais um assassinato nas costas.

TODAS AS NOITES, ANTES DE dormir, estendo meu fino colchão no chão. Eu durmo no chão há mais de dez anos, porque gosto da cama espaçosa e, além disso, uso a parte da cela ocupada pelo beliche como meu escritório. Deixo todos os meus livros, o rádio, a televisão e tudo mais na base de aço, e simplesmente durmo no chão, porque costumo passar de catorze a dezesseis horas por dia no escritório, e durmo poucas horas.

Quando acordei, pouco tempo atrás, havia formigas percorrendo todo o meu corpo. Eu apenas as observei por alguns minutos, até que ficou óbvio que precisava fazer alguma coisa. Eu me levantei, coloquei cubos de açúcar num copo d'água e fiz uma trilha para as formigas que levava para fora da minha cela. Até o momento, está funcionando bem. Amanhã, no entanto, assim que as virem, os guardas vão pulverizar inseticida e matar as pobrezinhas. Mas pratiquei muito nos últimos dias para destruir esse carma positivo matando formigas. Nem pensar!

CORDÃO DE ORAÇÃO DE COMPRIMIDOS DE TYLENOL

PASSAVA DA MEIA-NOITE. O VIGIA da noite tinha acabado de fazer sua contagem de rotina dos presos no corredor quando despertei de uma soneca de fim de tarde com planos de me levantar e passar o resto da noite me dedicando à prática de meditação.

Caminhei pela minha cela por um tempo, percorrendo todos os seus dois metros e meio e me preparando com repetições da oração a Tara. De repente, tive uma ideia de como criar meu próprio *mala*, meu próprio cordão de contas de oração, que poderia usar para contar as repetições. Dei meia-volta na minha cela, buscando as coisas de que ia precisar.

Desde o primeiro dia em que aprendi essa oração, eu queria ter um *mala* para ajudar na minha prática. Meu mestre, o Rinpoche, e outros praticantes que vieram a San Quentin para me visitar tinham se oferecido para me levar um, mas as autoridades da prisão não permitiram.

Peguei um par de jeans fornecidos pela prisão, um exemplar da *Sports Illustrated* e um frasco de Tylenol e me sentei na parte da frente da cela. Comecei a desfazer as costuras da calça jeans até conseguir uma boa quantidade de fios. Acabei descosturando mais do que pretendia. *Ops!* Um enorme rombo tinha sido aberto na perna da calça. *Depois dou um jeito de conseguir outra*, decidi, e guardei os fios.

Abri o exemplar da *Sports Illustrated* bem na metade e retirei um dos grampos. Desdobrei-o e o afiei no chão de concreto áspero ao meu lado. Não podia fazer muito barulho. Se o vigia da noite ouvisse sons estranhos vindos do corredor das celas, todo o pavilhão poderia ser revistado num frenesi. O som de algo sendo raspado em geral significava que uma arma estava sendo afiada.

Passei quase uma hora amolando o grampo no chão, até ele ficar afiado como uma agulha.

Então abri o frasco de Tylenol e comecei o lento processo de fazer um minúsculo furo no centro de cada comprimido. Havia cem comprimidos. Eu tinha que ser preciso como um cirurgião. Primeiro fazia um furo na superfície do comprimido e em seguida, como se estivesse atarraxando um parafuso, fazia um buraco até o outro lado. Pegava o fio da minha calça jeans e passava por cada "conta".

Fiquei a noite toda sentado de pernas cruzadas no chão, furando comprimidos de Tylenol e passando-os pelo fio. Era extremamente tedioso. Meus olhos ficaram embaçados de exaustão. Meus dedos começaram a doer. Eu me sentia um idiota. *O que diabos estou fazendo?*, perguntei a mim mesmo. Mas segui em frente, decidido a terminar.

Cinco horas e meia depois, tinha nas mãos meu primeiro *mala*, feito com o fio de uma calça e comprimidos de Tylenol. Fiquei extasiado. Mas quando me levantei para me alongar, minha cabeça começou a latejar: eu estava com uma dor de cabeça horrível. Fiquei em silêncio diante das barras da minha cela, buscando conforto ao olhar através da janela na parede oposta. Uma luz matinal linda entrava por ela. *Seria bom tomar um ou dois comprimidos de Tylenol*, pensei, *para minha cabeça parar de latejar.* Olhei para minhas mãos. *Droga! Não tenho nenhum. Estão todos no* mala.

Por uma fração de segundo, pensei no impensável, de tanto que minha cabeça doía. Em seguida sorri. E me dei conta de que depois de passar todo aquele tempo fazendo o *mala* de Tylenol, tudo que precisava fazer era me sentar novamente e usar alguns momentos – não comprimidos de Tylenol – para continuar minha prática espiritual.

Não consigo mais viver sem a meditação. Vejo e ouço com mais clareza, me sinto mais relaxado e calmo, e percebo que minhas experiências se desaceleram. Sou mais grato por cada dia enquanto observo como as coisas mudam e se transformam constantemente. Eu me dei conta de que tudo está num contínuo processo de idas e vindas. Não guardo a felicidade nem a raiva por muito tempo. Elas simplesmente vêm e vão.

Estou começando a aprender a meditar durante outras atividades diárias. Esta tarde tentei meditar enquanto uma partida de basquete do Chicago Bulls contra o Detroit Pistons passava na televisão. Era impossível bloquear o ruído do jogo e dos prisioneiros torcendo. Era extremamente alto. E para piorar, eu adoro basquete.

Não consegui meditar durante todo um quarto da partida. Estava de olhos fechados, tentando não ouvir. Mas não conseguia. Continuei tentando e tentando, sentado no chão. Mas quando, por acidente, deixei escapar um grito ao ouvir que Michael Jordan tinha acertado uma cesta de três pontos, me levantei e disse: "Tudo bem, quem sabe da próxima vez". Eu simplesmente não tinha a concentração necessária. Pelo menos não ainda.

Não sou muito bom em meditar, mas sei como a prática é importante. Ao mesmo tempo, também gosto de assistir a partidas esportivas, jogar basquete e assistir a desenhos na televisão. Adoro comidas nada saudáveis e, às vezes, gosto de ouvir piadas sujas. Eu amo a vida.

PACIFISTA

QUANDO ACORDEI DE MANHÃ BEM cedo para começar minha prática de meditação, tentei me imaginar como um pacifista na vizinhança violenta do meu corredor na prisão. Na noite anterior, a cela ao lado da minha, antes vazia, tinha sido ocupada pela fúria de um novo detento. Embora sua voz alta tivesse penetrado meu sono profundo, eu me recusei, como fazia todas as noites, a despertar, a abrir mão daquele lugar confortável que finalmente tinha feito com que dormir no chão de concreto de uma prisão se tornasse algo fácil.

Agora, com a luz do amanhecer surgindo na janela diante da minha cela, coloquei silenciosamente meu lençol dobrado no chão frio. Meu novo vizinho recomeçou a gritaria.

– Eu vou matar vocês... Vou matar todos vocês, seus malditos filhos da mãe, se não me deixarem sair daqui!

Em minha mente, podia ver as mãos dele sacudindo as barras da cela. Eu me perguntei se conseguiria ter a mesma determinação de me sentar e meditar que tinha tido ao dormir durante aquela tormenta de fúria humana que reverberava pelo pavilhão. Meu mestre, o Rinpoche, certa vez me enviara a transcrição de um de seus ensinamentos na qual mencionava a satisfação que sentia ao meditar em aeroportos, esperando pelos voos de sua agenda cheia.

Eu gostaria de lembrar *por que* ele apreciava isso! Cheguei à conclusão de que a resposta estava em outra coisa que o Rinpoche tinha dito: que não havia tempo a perder quando se tratava de praticar a meditação. Eu estava ansioso para testar esse tipo de meditação. Em geral, conseguia meditar em meio a muito barulho, mas nada tão alto e tão próximo quanto as barras da cela do meu vizinho vibrando como um avião cortando o céu.

Eu estava meditando havia poucos minutos quando meu vizinho se dirigiu a mim.

– Ei, cara da cela ao lado. Guarde metade desse cigarro pra mim.

Hã?, pensei, interrompendo meu mantra. Fazia anos que eu não fumava. Imaginei alguém fazendo uma pergunta como essa ao Rinpoche enquanto ele estava esperando no aeroporto. Não, ninguém ousaria! Comecei a rir em silêncio.

Senti o cheiro de alguém fumando numa das celas não muito longe da minha. Eu tinha me acostumado com os hábitos tabagistas dos outros detentos. Nos meus melhores dias, simplesmente aceitava aquele aroma matinal como meu incenso prisional. A cada cigarro aceso, a atmosfera se tornava um santuário enfumaçado para minha meditação.

Quando a parede entre a minha cela e a do meu vizinho começou a tremer como se estivéssemos no meio de um terremoto, fiquei tentado a perguntar se ele não queria parar de socar a parede e se juntar a mim na meditação. Mas ele teria encarado isso como um insulto, o que serviria apenas para me transformar no alvo de sua fúria e para que ele passasse a considerar sua missão de vida tornar nossa condição de vizinhos de cela um inferno para nós dois. Então tentei esvaziar minha mente, ainda sentado em meu lençol, ainda querendo meditar.

– Ei, cara da cela ao lado! – gritou meu vizinho de novo, socando a parede. – Quero dar umas tragadas nesse cigarro. Eu sei que você tá fumando aí, cara. Sei que consegue me ouvir!

Ele continuou gritando e socando a parede.

– Ei, ei! – Eu tinha finalmente perdido a paciência e àquela altura estava totalmente convencido de que não era um Rinpoche. – Cara, você não precisa ficar gritando e socando a parede como um idiota! – Eu me aproximei das barras da minha cela. – Seja lá quem você for, não sou eu que estou fumando. Eu não fumo. Faz anos que parei de fumar. E mesmo que fumasse, do jeito que você está gritando e esmurrando essa parede a manhã toda… uma parede que, na verdade, só está tentando ficar na dela, assim como eu… bem, eu não daria merda nenhuma a você, entendeu?

– Ok. – Meu vizinho tentou falar mais calmamente. – As pessoas me chamam de Bosshog. E tudo o que eu quero é uma maldita tragada, sabe?

– Bem, meu nome é Jarvis – respondi –, e tudo o que eu quero é a minha liberdade. Acredite em mim, Bosshog, isso não quer dizer que eu queira minha liberdade mais do que você quer um cigarro, porque sei como os cigarros fazem a gente se sentir. Mas socando a parede você tira de mim o pouco da liberdade que eu tenho, e isso não é nada legal.

– Tudo bem, mas você acha que consegue um cigarro pra mim? – pediu meu vizinho. – Eu juro por Deus, cara, passei a manhã inteira precisando desesperadamente de um cigarro, assim como as pessoas pobres no inferno precisam de água gelada!

Eu ri. Gostei do jeito como Bosshog falou, que apenas as pessoas pobres precisam de água gelada no inferno. Quanto ao cigarro, eu sempre tinha coisas extras para detentos como Bosshog. Eu guardava revistas e livros velhos, comprava sabonete e pasta de dente, além de fumo barato. Eu tinha prometido a mim mesmo fazer isso quinze anos antes, quando cheguei a San Quentin e tive que usar a manteiga do meu café da manhã na minha pele rachada porque não tinha dinheiro para comprar hidratante na lojinha da prisão.

– Sim, acho que consigo um pouco de fumo para você e papel de seda para enrolar – disse a ele.

Eu concluí, depois de muitos anos tendo vizinhos de todo tipo, que ele era um dos muitos jovens que inundavam o sistema prisional por fumar crack ou violar a condicional.

– Mas você tem que ficar calmo e parar de perturbar a paz do corredor – acrescentei. – Pode me dar a sua palavra?

Seguiu-se um longo silêncio. Para mim, isso significava que Bosshog levava a sua palavra a sério. Isso fazia dele uma raridade: poucos novos prisioneiros levavam mais que um segundo para dizer qualquer coisa a fim de conseguir um cigarro de graça.

– Tudo bem, cara – respondeu ele, por fim. – Você é duro na queda, mas eu aceito! Vou ficar tranquilo, dou minha palavra.

– Tudo bem, só um minuto.

Fui até o fundo da cela e vasculhei a caixa debaixo do meu beliche. Encontrei mais de metade de uma latinha de 170 gramas de fumo. Eu não pretendia dar tudo a Bosshog. Era provável que outros recém-chegados também precisassem do fumo. Além disso, o tempo que Boss levou para decidir aceitar o nosso acordo provavelmente significava que seria difícil para ele cumprir sua parte. Ao racionar o fumo, eu o manteria sob controle.

Dei uma olhada em volta em busca de algo para embrulhar o fumo. Eu tinha uma fotocópia do livro *Being Peace*, de Thich Nhat Hanh, que uma amiga havia me enviado. Mais tarde, uma livraria me enviou um exemplar do livro, então concluí que não haveria problema em embrulhar o fumo numa das páginas da fotocópia. Além disso, pensei, talvez Bosshog se interessasse por Thich Nhat Hanh, uma página por vez.

– Ei, Boss, você tem uma linha de pesca aí?

– Encontrei uma embaixo do beliche – respondeu ele. – Seu último vizinho deve ter deixado aqui.

Ele rapidamente jogou a linha diante da minha cela. Eu a peguei, usando minha própria linha de pesca, em seguida amarrei o fumo embrulhado em papel e observei enquanto Boss a puxava de volta.

– Cara, muito bom! É isso aí! – exclamou ele, alegre. – Agradeço muito por esse fumo!

– Não foi nada. Talvez eu possa mandar mais num dia ou dois.

– Ah, valeu, cara, isso é muito legal! – disse Bosshog.

O sol claro que brilhava através da janela me disse que não restava muito da manhã para que eu meditasse, mas também me trouxe uma sensação silenciosa de ter feito um ato simples de pacifismo. Boss tinha ficado quieto, e os outros detentos não fizeram caso de ele ter se mudado para a nossa vizinhança.

Nos meses seguintes, continuei mandando um suprimento diário de fumo para Boss, sempre embrulhado numa página de *Being Peace*. Boss ainda se comportava de maneira um pouco errática, mas passei a considerá-lo uma espécie de irmão. Uma página por vez, ele começou a gostar de Thich Nhat Hanh. De tempos em tempos, Boss até se esforçava para meditar, mas nunca conseguia acordar muito cedo, como ele mesmo dizia, "para viajar numa sessão de meditação com você, Jay".

Dezoito meses depois, Bosshog deixou San Quentin e se libertou da dependência de mim para conseguir fumo e *Being Peace*. Antes de deixar o corredor, ele parou diante da minha cela, e juntos recitamos o que tinha se tornado o mantra de Boss, algo que ele aprendera a dizer quando estava prestes a explodir. Sempre começávamos entoando em uníssono a palavra "Cara", depois: "Se formos pacíficos, se formos alegres, poderemos sorrir, e todos em nossa família, toda a sociedade vai se beneficiar da nossa paz".

Na semana passada, eu estava caminhando ao longo da cerca, contemplando a beleza do céu claro. Fazia um belo dia de sol. Então algo assustador aconteceu: alguém foi esfaqueado no pátio de exercícios ao lado. Na torre de vigilância, os guardas da prisão carregaram seus rifles. Eles gritavam com dois caras que estavam brigando, tentando se matar. Eu soube imediatamente que alguém ia morrer. Ou os guardas ou um dos dois prisioneiros seriam responsáveis por tirar a vida de um ser humano.

Os guardas na torre ordenaram que todos se deitassem no chão com o rosto virado para baixo enquanto miravam os rifles carregados para todos os três pátios adjacentes. Eu não sabia o que pensar. Como não ouvi nenhum disparo, imaginei que tivessem conseguido separar a briga. Pelo menos os guardas tinham sido poupados de ter que tirar a vida de alguém. Mas e o prisioneiro que fora esfaqueado? Será que estava morto? No que eu estava pensando antes de tudo aquilo acontecer? Por que estou deitado aqui desse jeito? Tudo isso é real? Merda! Quanto tempo vou conseguir continuar sendo budista nesta cultura prisional que *me obriga a ficar deitado no chão com o rosto virado para baixo? Quem estou querendo enganar?*

Quando achei que minha cabeça ia explodir por causa de todos aqueles pensamentos, me aferrei a uma única ideia: como algumas pessoas neste mundo têm apenas cinco trágicos segundos para colocar a vida inteira em ordem antes de morrer – num acidente de carro ou de alguma outra maneira súbita. E me dei conta de que o que realmente importa não é onde estamos ou o que está acontecendo ao nosso redor, mas o que há em nosso coração enquanto as coisas acontecem.

Eu costumava achar que podia me refugiar na minha prática, que podia simplesmente me sentar e contemplar a raiva furiosa de um lugar como aquele, buscando a paz interior por meio de preces pedindo compaixão. Mas agora acredito que o amor e a compaixão são coisas que devemos estender aos outros. É uma aventura perigosa compartilhá-los num lugar como San Quentin. Mas agora eu sei que nos tornamos pessoas melhores quando conseguimos tocar uma alma calejada, levar alegria à vida de alguém ou simplesmente ser um exemplo para os outros, em vez de nos esconder por trás do nosso silêncio.

A chave é usar o que sabemos. Isso exige muita prática. Há um vasto espaço na vida para fazer exatamente isso, tanto como praticante quanto como alguém que caminha pelo mesmo pátio de prisão que todos os outros neste lugar. Eu aprendi a aceitar a responsabilidade pelo mal que causei ao não me permitir esquecer as coisas que fiz e ao usar as minhas experiências para ajudar outras pessoas a entender aonde elas podem nos levar.

QUATRO DE JULHO

O QUATRO DE JULHO HAVIA quase passado despercebido quando ouvi alguém no corredor discutindo com um dos guardas.

– Ei, a única coisa que estou pedindo é uma maldita colher para comer quando servirem o jantar.

– Pode esquecer!

Dois guardas que eu não conhecia, sem nome no uniforme, tinham começado o turno da tarde com uma contagem de presos com todos nós trancados em nossas celas individuais.

– Então querem se comportar feito uns babacas, né? Ah, tá. Eu também posso ser um babaca! – Eu reconheci a voz de Bernard.

– O que houve, Bernard? – perguntou meu vizinho Billy depois que os guardas deixaram o corredor.

– Pô, cara, colocaram esses dois idiotas arrogantes para vigiar nosso corredor hoje – respondeu Bernard. – E eles não querem me dar uma colher pra comer, entendeu?

– É, eu sei – respondeu Billy. – Acabei de pedir a eles mais papel higiênico e eles simplesmente me ignoraram também.

164 ENCONTRANDO A LIBERDADE

– Ei, Jarvis – gritou Bernard –, ouviu isso? Qual é a desses guardas?

– Não faço ideia – respondi –, mas eles nunca trabalharam neste corredor, então provavelmente não sabem sobre dar colheres e outras coisas quando pedimos. Eu não me preocuparia muito. Vão acabar aprendendo.

– É, espero que você esteja certo, Jarvis – disse Bernard –, porque, cara, eu não estou vendo nenhum animal neste maldito corredor... a não ser que eles queiram que eu me transforme num, sacou?

– Calma, Bernard. Eles vão arrumar uma colher pra você, cara, eles têm que dar – falei.

– Bem, é melhor me trazerem papel higiênico também! – disse Billy. – Prefiro comer com as mãos a ter que limpar meu traseiro branco e gordo com elas.

Todos riram.

Uma hora depois, o carrinho de refeições surgiu no corredor. Os dois guardas novos tinham acabado de servir o jantar na cela no fim do corredor quando a confusão começou.

– Não joga a comida na minha bandeja assim, pô – alguém gritou para os guardas quando eles chegaram a sua cela.

– O que diabos vocês estão fazendo? Eu não sou um bicho! – gritou outro preso.

– Seu cretino inútil do inferno, qual é o seu problema? – gritou outro prisioneiro.

Todos nas celas do fim do corredor começaram a berrar e gritar.

– Calem a boca, seus bebês chorões de merda – gritou um dos guardas enquanto avançava apressado pelo corredor, empurrando o carrinho de refeições de cela em cela.

– Vocês, seus malditos, vieram trabalhar com essa arrogância toda e agora querem descontar na gente, é? – disse Maddog quando os guardas chegaram a sua cela. – O que houve, suas esposas feias ficaram com dor de cabeça na noite passada, é?

– Não, quem está dando pra mim é a sua esposa, ela não lhe contou? – retrucou um dos guardas.

– Eu trepo com ela toda noite; a vaca é das boas! – disse o outro guarda, rindo.

– Seu cretino de merda! Abra a porta da minha cela pra você ver só! – gritou Maddog com ódio. – Vem, vem. – Ele sacudia as barras da cela com violência. – É só abrir a porta e vamos ver quem você vai foder esta noite, cara. Eu acabo com a raça de vocês.

– Ah, é? – disse o guarda, colocando a comida de Maddog na portinhola da bandeja.

– É, pode apostar! – gritou Maddog, empurrando a bandeja para fora. – Vocês não vão me alimentar como se eu fosse um maldito animal, espalhando a minha comida por toda parte.

– Morra de fome, então – retrucou o guarda, empurrando o carrinho até a cela de Bernard.

– Eu preciso de uma colher – pediu Bernard.

– Pode esquecer! – respondeu o guarda. – Pode pedir uma colher ao guarda que costuma fazer a ronda do seu corredor amanhã.

– E com o que eu vou comer?

– Com as mãos, acho, sei lá.

– Vá pro inferno, seu desgraçado! – gritou Bernard por entre as barras da cela. – Tire esse carrinho daqui antes que eu jogue mijo na sua cara, babaca!

– Eu também amo você – disse o guarda sorrindo e soprando um beijinho debochado.

– É, continue de palhaçada! – gritou Bernard enquanto o guarda se dirigia à cela seguinte. – Vou estar esperando por vocês quando voltarem a este corredor. É melhor saberem com quem estão se metendo!

– E aquele maldito papel higiênico que eu pedi, cara? – gritou Billy para os guardas. Ele ignorou o carrinho de refeições enquanto passava diante de sua cela.

– Vai ter que usar outra coisa esta noite – respondeu o guarda. – Porque não estou aqui para fazer nada além de servir comida. Estou fazendo hora extra, e já estou neste lugar há dezesseis longas horas. Tenho uma festa de Quatro de Julho esperando por mim quando sair de San Quentin hoje. Então vocês, detentos, não devem esperar nada até os guardas que costumam fazer a ronda deste corredor voltarem, amanhã.

– Ei! – gritou Billy. – Só porque estão fazendo hora extra não significa que não tenham que fazer o seu trabalho. Não podem me negar itens de necessidade básica.

Os guardas empurraram o carrinho de refeições para longe da cela dele.

– Ei, ei, ei, aonde vocês estão indo? Eu não ganhei minha maldita bandeja, cara!

– Você já comeu – disse um dos guardas, agora diante da minha cela.

– Não, não comi nada.

– Já, sim. Você recebeu a sua bandeja – insistiu o guarda.

– Opa! Peraí – interrompi, irritado. – Senhor, o senhor não entregou a comida do meu vizinho. Ele estava pedindo outra coisa e vocês se esqueceram de entregar o jantar dele.

– Não, nós não esquecemos – disseram os guardas, rindo.

– Ah, agora eu entendi! Só não querem dar a comida dele, não é? Da mesma maneira que não querem dar o papel higiênico nem a colher. Vocês estão ignorando as pessoas e alimentando todo mundo como se fôssemos animais. Só porque estão cansados e não trabalham neste pavilhão não quer dizer que não devam agir como profissionais. Vocês, babacas, estão se arriscando a sofrer uma agressão de alguém deste maldito corredor.

A raiva estava me dominando.

– Este é o nosso trabalho – zombou um dos guardas. – E quanto a você, quer comer ou não? – perguntou ele.

– Não, sumam da minha frente.

Eu senti um aperto no estômago e me dei conta de que provavelmente tinha falado demais.

Depois que os guardas foram embora, ouvi as vozes de homens muito mais furiosos do que eu prometendo que haveria retaliação quando eles voltassem em algumas horas para a contagem de presos de rotina.

A quietude fria e mortal que tomou conta do corredor denunciava o que alguns dos meus colegas detentos estavam planejando. Eu me deitei, tentando me convencer de que o que quer que acontecesse com aqueles dois babacas não era da minha conta.

Esses guardas são uns idiotas completos!, refleti, furioso. Por que tinham deixado todos tão furiosos a ponto de os prisioneiros estarem planejando acabar com eles? Eles iam voltar ao corredor e, sem a menor hesitação, alguém ia esfaqueá-los.

Mas quem vai fazer isso?, eu me perguntei. *Todos eles querem!*

Lentamente, fui me dando conta de uma coisa. Os guardas tinham sido idiotas, mas nada do que eles tivessem dito ou feito justificaria matá-los. Levantei-me do beliche para beber um pouco de água na pia. Eu precisava pensar em alguma coisa na próxima hora, antes que aqueles idiotas voltassem para o corredor. Mas o quê?

Despejei lentamente o que restava de água no meu copo dentro da pia. Então tive uma ideia. Por que não inundar o corredor? Por que não fazer com que todos canalizassem sua raiva assassina para inundar todo o maldito corredor?

A ideia fazia perfeito sentido para mim, mas será que os outros detentos iam concordar? Resolvi não perder tempo em descobrir.

– Ei, Billy, o que você tá fazendo? – perguntei ao meu vizinho, batendo na parede que nos separava e quebrando o silêncio no corredor.

– Cara, você sabe muito bem o que estou fazendo – respondeu ele. – Estou esperando, como todo mundo. Estou com tudo pronto para aqueles dois idiotas!

– Eu sei, cara. Dá pra sentir as vibrações. Mas eu estava pensando: aqueles guardas não trataram apenas *você* como um animal; eles agiram como babacas com todos nós, sabe? Então, o que quer que a gente faça, temos que fazer juntos. Entende?

– Entendi – respondi Billy. – Isso faz sentido, meu irmão!

– Ei, e você, Bernard? – perguntei.

– É, eu também concordo – disse Bernard.

– E você, Maddog, consegue me ouvir daí? – Eu falei mais alto, na esperança de ser ouvido por todo o corredor, mas não pelos guardas.

– Sim, estou ouvindo – disse Maddog. – Mas na verdade não entendi muito bem.

– Sei que todos estão estressados, mas acho que estamos transformando um incidente menor numa coisa séria demais, sabe? Quantas pessoas que estão em San Quentin hoje foram assaltar a casa de alguém, mas acabaram fazendo uma besteira e vieram parar nesta penitenciária por assassinato? Seria muito estúpido ser acusado de agredir ou assassinar um guarda por causa de uma coisa dessas!

– Cara, não me importo de matar um daqueles imbecis – disse alguém. – Aquele cretino empurrando o carrinho de comida hoje à tarde enfiou os dedos imundos na minha comida de propósito. Ele merece morrer.

– Não, cara! – protestei. – Você não pode tá falando sério! A morte é permanente demais. O que você quer dizer é que ele deveria se sentir como você está se sentindo. E você não está morto, está? Então ouça a minha ideia.

Eu senti que tinha a atenção de todos os dezessete detentos do corredor.

– Esses guardas querem nos tratar como animais para poderem ganhar um dinheiro fácil antes de voltarem para casa para as suas festas de Quatro de Julho. Bem, então vamos inundar todo o corredor e obrigá-los a ficar aqui a noite toda.

– Ei, até que não é uma má ideia – disse Billy. – Cara, a água vai chegar no joelho deles. A gente só precisa enfiar toalhas no vaso sanitário e dar descarga até a água transbordar. O que você acha, Maddog?

– Sinceramente? Quero apagar um daqueles idiotas – respondeu Maddog. – Mas o Jay tem razão. Então o que vocês quiserem fazer, eu concordo, contanto que aqueles cretinos provem um pouco do próprio remédio.

– Cara, isso vai ser muito engraçado! – Bernard começou a rir. – Aqueles idiotas acham que a única coisa que vão precisar fazer é ficar de bobeira e esperar até o fim do turno deles. Já imaginaram a cara deles quando voltarem pra cá e descobrirem que vão ter que andar com água de vaso sanitário até os joelhos e, além disso, não vão poder voltar pra casa para suas festinhas de Quatro de Julho até tudo estar limpo? Cara, eles vão ficar malucos de raiva!

– Tem certeza de que eles vão ter que ficar para limpar tudo? – perguntou alguém.

– Com certeza! – respondeu Bernard. – Uma inundação é um risco à segurança. Na verdade, carcereiros de outros blocos vão ser forçados a vir ajudar também.

– Então o que estamos esperando? – falei antes que eles mudassem de ideia e voltassem a considerar algo mais drástico. – Mãos à obra!

– Eu já comecei, cara – disse Maddog. – Tirei tudo do chão da minha cela e enfiei a toalha na privada.

– Ei, calma aí! – gritou alguém.

Todo mundo precisava de um tempo para tirar as coisas do chão. Não fiquei surpreso com a animação enquanto todos se preparavam. Eu também me apressei em pegar meu colchão e meus pertences e colocar tudo em cima do beliche.

Então começamos a dar descarga. A cada descarga, a água transbordava pelas laterais do vaso sanitário até que um barulho alto de água corrente começou a tomar o corredor.

– Continuem dando descarga! Continuem dando descarga! – gritou alguém.

– Cara! Isso é incrível! – disse Billy.

– Eu realmente peço a Deus que aqueles dois cretinos achem a mesma coisa! – disse Bernard enquanto todos riam, a alegria inundando o corredor.

Facas e armas improvisadas tinham sido substituídas por algo tão simples quanto água.

Então, de repente, todas as descargas pararam de funcionar.

– O que diabos aconteceu? – perguntou Billy.

– Os cretinos devem ter desligado o registro central – respondeu Bernard –, porque não sai mais água de lugar nenhum, nem do vaso sanitário nem das pias!

– Bem, lá se vai nossa festa de Quatro de Julho, né? – brincou alguém. – Merda, cara, o que vocês acham? Que os policiais vão invadir isso aqui e nos levar para a delegacia para sermos interrogados ou quê?

– É isso aí! – disse Bernard. – Vão nos mandar direto pra San Quentin!

O corredor inteiro começou a gargalhar.

O barulho das piadas não diminuiu quando os guardas voltaram para o corredor, andando lentamente de cela em cela com uma expressão de fúria estampada no rosto.

– Cara, olhem só as galochas de borracha deles – disse alguém. – Estão tentando usar galochas com canos de vinte centímetros para enfrentar um metro e vinte de água!

– Ei, seu guarda! – gritou alguém. – Que bela festa de Quatro de Julho, não acha? Estou tão feliz que vocês possam ficar com a gente e participar! Parece que os seus planos entraram pelo cano, hein?

– Cale a boca! – gritou um dos guardas de volta, continuando a avançar lentamente pelo corredor.

– Ei, cara, e o meu maldito papel higiênico? – perguntou Billy.

– Você vai receber seu papel higiênico quando terminarmos.

Quatro de Julho 171

– E quando vai ser isso?

– Quando terminarmos de tirar toda essa maldita água daqui – respondeu o guarda. Todos no corredor começaram a rir novamente. – Vocês vão nos obrigar a ficar aqui até tarde da noite, seus idiotas! Vão receber o papel higiênico quando tivermos terminado.

– E as pias e os vasos sanitários? Quando vão ligar a água de novo? – perguntei.

– Depois que você for pra solitária! – respondeu o guarda. – Você vai pro Buraco!

– Quem, eu? Por quê? – perguntei.

– Por incitar os outros detentos a iniciar uma inundação, é por isso! – retrucou um dos guardas, irritado.

– Tem certeza de que fui eu? Por que eu faria algo assim, cara? – perguntei.

– Ah, nós sabemos que foi você! E enquanto estiver no Buraco, vai ter muito, mas muito tempo para se perguntar por quê.

Eu sorri para os guardas parados diante da minha cela. Valia a pena ser atirado no Buraco pelo prazer de vê-los ainda vivos.

PAREM! TEM UM BUDISTA AQUI!

Estávamos no pátio de exercícios havia uma hora quando notei um prisioneiro novo, de aparência feminina, se aproximando do portão do pátio. Não acreditei. Em nenhum pátio de San Quentin os homossexuais eram mais odiados do que naquele. Os gays ficavam atrás apenas dos informantes na lista de candidatos a serem esfaqueados ou assassinados. Eu sabia que devia ser algum tipo de equívoco, ou um plano da administração da prisão para matar alguém. Enquanto pensava em qual dessas duas opções era mais plausível, olhei de soslaio para a torre de vigilância.

Pessoalmente, nunca tive nada contra homossexuais, mas sabia como muitos daqueles prisioneiros se sentiam em relação a eles. Alguns os odiavam apenas por odiar. Outros eram motivados pelo medo, sobretudo aqueles que tinham chegado a San Quentin no início da década de 1980 para cumprir prisão perpétua ou estavam no corredor da morte e tinham sido convencidos pelas primeiras informações veiculadas pela mídia de que a aids era uma doença exclusiva dos homossexuais. Mais tarde, guardas da prisão nos disseram que outras doenças, como a tuberculose, estavam sendo disseminadas nas prisões pelos homossexuais. Os homens naquele pátio acreditavam em tudo isso.

Esse cara não vai durar nem uma hora aqui!, pensei.

Não precisei me virar para saber que havia outros detentos atrás de mim, olhando friamente, tirando facas improvisadas da cintura. Dava para sentir. O silêncio dominava tudo. Eu queria tanto gritar e alertar aquele cara: *Aqui não é o seu maldito pátio. Não venha se meter aqui!*. Mas não podia. Eu não podia dizer nada. Seria considerado um dedo-duro. Então engoli em seco, mantive a boca fechada e comecei a rezar.

Em seguida, ouvi um ruído metálico e um gemido quando o portão motorizado foi aberto para que aquela pessoa entrasse no pátio. Quando o portão se fechou, senti um aperto no peito. Ele era um homem morto. Já tinha visto alguns outros homens como ele ao longo dos meus muitos anos de encarceramento.

Todos no pátio, dos que estavam nas quadras de basquete e handebol aos grupos espalhados perto das barras de flexão, observaram em silêncio enquanto aquele homem frágil com pequenos seios, os cabelos presos num rabo de cavalo, vaselina nos lábios, vestindo jeans apertado, começou a andar de maneira afeminada ao longo da cerca do pátio.

Olhei novamente para os guardas nas torres de vigilância e notei que eles já estavam em posição. Ambos tinham o rifle apoiado no anteparo de mira, prontos para disparar em direção ao muro norte. Ficou claro que eles sabiam o que todo mundo sabia.

De acordo com as leis que regiam a prisão, nada daquilo deveria ser da minha conta. Mas era. Daquela vez tinha que ser. Por tudo que havia de mais sagrado, eu não conseguia olhar para aquele homem gay, sentado sozinho próximo ao muro dos fundos do pátio de exercícios, e não ver um ser humano inocente. Ainda assim não conseguia reunir coragem para me tornar um dedo-duro e arriscar a minha própria vida alertando-o para que saísse do pátio. Por que eu, afinal? Eu não sabia o que pensar.

Tinha que fazer alguma coisa. Comecei a caminhar ao longo do muro. Droga. Por que coisas assim estavam acontecendo com mais frequência depois que fiz meus votos? O que todas as pessoas do lado de fora daqueles muros que se autodenominam budistas me diriam para fazer? Será que diriam: "Que tal todos sermos bons budistas e simplesmente guardar nossas facas e sorrir?".

Eu me aproximei do local onde o homossexual estava sentado. Passei várias vezes por ele sem me deter, para poder dar uma boa olhada. Eu queria descobrir se ele tinha consciência do que estava acontecendo, se tinha consciência de que alguém estava prestes a esfaqueá-lo. O idiota não fazia ideia! Estava sentado lá como um peixinho num tanque de tubarões. Eu precisava pensar rápido, porque meu tempo estava acabando. Tinha que me afastar daquele cara, rápido.

Avistei Dan Louco do outro lado do pátio de exercícios. Ele estava agachado, escondendo furtivamente uma longa lâmina sob a manga do casaco.

– Droga! – murmurei.

Minha cabeça começou a latejar enquanto eu observava Dan, um grande amigo meu, se preparar para esfaquear uma pessoa inocente. Eu conhecia Dan havia mais de oito anos em San Quentin, e não queria que ele acabasse com a própria vida tentando tirar a de outra pessoa com dois guardas prontos para atirar observando tudo.

Então parei de pensar. Comecei a caminhar junto ao muro, do lado oposto do pátio do local onde estava Dan. Foi apenas quando nós dois fizemos a curva e nos encaramos, com o homem gay solitário sentado em silêncio junto ao muro dos fundos, que eu vi a lâmina escorregar lentamente pela manga do casaco de Dan em direção à sua mão direita. Apressei o passo para chegar até o homem gay antes dele. Não dava tempo de ter medo, nem mesmo de pensar. Eu simplesmente sabia que tinha que chegar até ele primeiro.

Rapidamente, me ajoelhei diante do cara e perguntei se ele tinha um cigarro. Dan estava a poucos metros de distância. Olhei para cima e o vi parar subitamente, com a mão direita escondida atrás da perna, segurando a lâmina. Ele estava perplexo. Eu podia sentir a adrenalina percorrendo seu corpo. Seus olhos, como os de uma besta feroz, encararam os meus. Eu nunca tinha visto aqueles olhos antes; não eram os olhos do Dan que eu conhecia. Por uma fração de segundo, achei que meu amigo fosse me matar.

Então algo aconteceu. Dan piscou com força algumas vezes. Ele deve ter percebido minha súplica silenciosa. Talvez tivesse se lembrado da vez em que fiquei a seu lado quando ele também estava marcado para morrer. Então deu as costas e se afastou calmamente.

– Ei, querido, vai querer o cigarro ou não? – perguntou o homossexual com uma voz afeminada, estendendo um cigarro para mim.

– Não, eu não fumo.

Ele olhou em volta, confuso.

Quando me dei conta do que tinha acabado de fazer, quase sufoquei com meu próprio medo. Por que tinha arriscado a minha vida por uma pessoa que não conhecia e nunca tinha visto antes? *Eu fiquei maluco ou fui apenas idiota?*, me perguntei, olhando para o rosto daquela pessoa que ainda ignorava por completo o que tinha acabado de acontecer.

Eu me levantei e saí andando, sabendo que ia ser muito criticado mais tarde naquele pátio de exercícios. Mas achei que poderia dizer – algo em que realmente acreditava – que tudo aquilo tinha sido uma grande armação, que o verdadeiro objetivo das autoridades carcerárias era atirar e matar alguns de nós, e eu não ia deixar ninguém que eu conhecesse, sobretudo Dan Louco, ser morto ao cair na armadilha deles. A verdade, que eu deixaria de fora, foi que fiz aquilo pelo homem gay também. Ele não significava nada para mim, exceto pelo fato de que era tão humano quanto o restante de nós. Ele nunca mais voltou ao nosso pátio depois disso, mas o incidente me deixou com muitas perguntas.

Será que estou sozinho? Será que sou o único budista aqui? Isso significa que eu, o Justiceiro Solitário Budista, devo tentar parar essa loucura sozinho? Eu me imaginei erguendo a mão e gritando: "Parem! Tem um budista aqui!".

Eu não posso. Não há como. Pessoas são esfaqueadas todos os dias neste lugar. A única coisa que tenho é a minha prática espiritual. Todas as manhãs e todas as noites, eu me sento sobre o meu lençol dobrado e medito no chão da minha cela.

SOBRE A QUESTÃO DO TEMPO

QUANDO PENSAMOS EM TODO o tempo que temos disponível nesta vida, todos nós tendemos a deixar de lado coisas que podemos fazer hoje, porque vivemos na expectativa de que teremos uma vida longa e de que o tempo está sempre a nosso favor.

Isso apesar do fato de vermos, todos os dias, bem ao nosso lado ou nas páginas dos jornais, provas claras de que a nossa vida pode, de repente, ser tirada de nós. As cenas de acidentes de carro, de trem ou de avião, e muitos outros eventos trágicos, nos mostram que cada minuto do nosso tempo, a essência preciosa de nossa vida na Terra, deve sempre ser encarado como o último. Quando formos capazes de fazer isso – estar constantemente no presente e ver o que somos neste momento, sem tempo de sentirmos raiva e amargura em nosso coração, ou causar dor e angústia aos outros –, cada instante da nossa vida será usufruído por completo, agora, e não amanhã. Porque o nosso amanhã pode não chegar.

DEIXE QUE SEJA REAL

QUANDO ME PERGUNTAM SOBRE O título deste livro, *Encontrando a liberdade*, e como pude encontrar essa liberdade por detrás dos muros de San Quentin – e pior ainda, no corredor da morte, durante todos estes anos em que estou aqui –, minha mente fica refletindo sobre essa questão e eu me pergunto: "Será que as pessoas querem saber se eu quero mesmo sair da prisão? Será que um budista praticante pode denunciar a injustiça que é estar aqui dentro? Ou o propósito de eu estar aqui – não importa se certo ou errado, justo ou injusto – é precisamente o que há na essência dos ensinamentos budistas?" Posso encontrar a liberdade em qualquer situação. A verdadeira liberdade não tem a ver com onde eu estou, mas com a prática de cultivar a paz em minha mente e no meu coração.

No entanto, ainda não tenho uma resposta para a pergunta "O que é a verdadeira liberdade?". Penso nessa pergunta todos os dias. Toda vez que escuto um dos meus colegas de prisão dizer que não conhecerá a verdadeira liberdade enquanto não deixar San Quentin, fico me perguntando se assumir os ensinamentos budistas não é uma outra forma de me encarcerar. Será que não esperar até estar fora da prisão para conhecer a liberdade se traduz em "Eu não estou tentando de verdade sair daqui"?

Deixe que seja real 179

Como posso, um budista praticante no corredor da morte, encontrar a liberdade dentro de mim sem ser tachado de tolo pelos meus colegas aqui dentro ou pela minha própria mente? Como respondo às perguntas que me imponho e que giram sem sossego na minha mente? "O que estou fazendo? Que diabos, homem! Ser livre não é estar dentro da prisão. Não numa prisão como esta, sentado num colchonete branco, neste chão de congelar a bunda, por detrás das grades, cara. Liberdade é ir aonde bem se quer, quando se quer, à praia... ao cinema..., é estar com a família e com os amigos de novo..."

Na prisão, ficamos sozinhos com nossos pensamentos turbulentos. Essa agitação toda ou se torna combustível para a fornalha da prisão que exala raiva, ódio e ressentimento, ou faz a nossa mente pairar acima da nossa existência aparentemente condenada e se concentrar no verdadeiro significado da nossa vida e de toda vida.

Desde o momento em que encontrei meu mestre, Chagdud Tulku Rinpoche, eu quis aprender uma maneira de manter a paz interior. Não tentei pronunciar as palavras em sânscrito que li no livro dele, nem tentei criar algum sentido para elas na época. A erudição do budismo não era para mim.

A ênfase de Rinpoche na prática é do que mais me lembro. Suas palavras são um eco em meus ouvidos: "Pratique, pratique, e depois pratique ainda mais". Recebi a Tara Vermelha da prática e da meditação, uma maneira de ver por uma porta aberta os estados de felicidade, paz interior e verdadeira liberdade. Ficar com a natureza pura da mente que escolhe a verdadeira felicidade em vez do sofrimento e, ao mesmo tempo, reconhecer que ninguém está livre do sofrimento. Assumi o voto do bodisatva. Vi como eu podia compassivamente usar todas as minhas imperfeições humanas, o meu estado de encarceramento físico e também a proximidade da câmara de execução como um caminho para ajudar os outros. Se pude praticar em tais circunstâncias, talvez eu pudesse dar alguma esperança à desesperança da vida das pessoas.

180 ENCONTRANDO A LIBERDADE

Aprendi que a prática budista era despertar para a ideia de que a liberdade não estava em sair da prisão. A maioria das pessoas não está em San Quentin nem no corredor da morte, e ainda assim elas não têm a liberdade e a paz interior que, assim como eu, desejam. Comecei a reconhecer a minha própria dor e mágoa, e o sofrimento de todos os seres sencientes. Não havia melhor lugar para começar essa jornada espiritual do que onde eu estava. Isso não significava, e ainda não significa, que eu não queira sair da prisão e não ficar aqui nem mais um minuto sequer. O que isso significa é que devemos começar onde estamos. Sempre que começamos onde estamos, a verdadeira liberdade está na prática. Qualquer prática espiritual que nos mantenha despertos e próximos da verdadeira natureza de nosso coração e da nossa mente, é onde a liberdade pode ser encontrada.

Frequentemente meus colegas de prisão me perguntam o que eu acho que a liberdade é. Tento não soar muito espiritual. Respondo: "A liberdade é deixar que quem você realmente é seja uma realidade para você". Quando sou pressionado a dar uma resposta mais objetiva, gosto de repetir os versos de uma canção que uma vez ouvi: "É libertar sua mente para que sua bunda a siga". O que digo a mim mesmo, quase como um mantra, é que a liberdade surge da prática.

A prática de ser, seja no corredor da morte de San Quentin ou debaixo de sua árvore preferida num parque, leva à liberdade verdadeira. A liberdade verdadeira é a prática de cultivar as sementes da paz e o tempo que dedicamos a nós mesmos, que afeta não só quem nós somos, mas também o mundo inteiro à nossa volta.

Praticar o budismo é como ser um atleta profissional que raramente é visto treinando, embora tenha dedicado horas e horas a se exercitar na academia. Por trás da aparência natural de um atleta está o compromisso de praticar todos os dias, em todos os dias do ano.

Quanto mais eu pratico, mais consigo me sentir em paz comigo mesmo. E quando eu vejo Tiger Woods habilidosamente lançar uma bola de

Deixe que seja real 181

golfe num buraco minúsculo ou Sua Santidade, o Dalai Lama, irradiar uma compaixão luminosa, consigo ver a prática deles com nitidez absoluta. O que eles se tornaram é uma prova viva de que, se eu me dedicar intensamente à paz interior, minha prática também dará frutos. No entanto, nada é tão fácil quanto parece.

Eu lembro que durante anos experimentei a "liberdade" toda vez que me deixavam me exercitar ao ar livre. Eu sentia o cheiro do mar, via as gaivotas pairando no céu, lá em cima, e deixava meus pensamentos me dominarem. Eu ficava desejando a "verdadeira liberdade" de estar na praia, sentir a areia debaixo dos meus pés e assistir às ondas quebrando na beira do mar. Não importa quantas vezes meditei com o pensamento de que "a liberdade está bem aqui onde estou agora", em cada dia de exercício o cheiro da água do mar acariciava minhas narinas quando eu saía no meio da neblina da manhã e o sentimento de que eu não devia estar aqui apertava meu coração. Nem a meditação podia suavizar esse aperto. Eu me sentia perdido e não conseguia ouvir os ensinamentos budistas: "A liberdade está onde você está".

"Ah, claro", eu murmurava. "A liberdade está onde *você* está, não onde *eu* estou. Me dê o mar e uma longa caminhada na praia, vendo as ondas... e não este quadrado onde me exercito, saltando os excrementos que as gaivotas deixam cair. Aí sim, teremos mais em comum..."

Esse diálogo comigo mesmo continuou por vários anos até que um dia um amigo me deu um cartão-postal. Hank era professor numa das escolas mais violentas do centro de Watts. Suas cartas descreviam a violência sem sentido dos tiroteios e brigas à faca na escola, as vezes em que ele foi atingido e a desesperança que sentia. De uma certa maneira, ele era um colega de cela para mim, mas em sua prisão do lado de fora. Nós tínhamos muito em comum.

Eu o encorajei a tirar umas férias, a se afastar por um tempo desse cenário. Quando recebi um cartão-postal com o selo do Havaí, um sorriso iluminou meu rosto. Meu amigo me agradecia por tê-lo encorajado a tirar férias. Ele me contava que ficava deitado numa praia ensolarada onde, pela primeira vez em muito tempo, conseguiu finalmente relaxar, ler um livro e não ouvir o tá-tá-tá dos tiros ou as sirenes de ambulâncias. Ele terminava a mensagem me perguntando se eu já havia lido *O silêncio dos inocentes*, de Thomas Harris, o livro que ele estava lendo.

Não podia acreditar naquilo. Eu não tinha lido o livro, mas tinha visto o filme. Era horrível, e um dos favoritos lá na prisão. Não podia acreditar que Hank tinha viajado milhares de quilômetros até uma praia ensolarada para fugir da violência, apenas para ficar lendo um livro sobre um psicopata cruel.

Foi então que me dei conta, quase como se eu tivesse recebido um tapa na cabeça dado pelo próprio Buda, de que estar numa praia, em qualquer praia, não podia me deixar mais ou menos livre, de que a liberdade verdadeira é sobre a prática de ser. Quer estejamos numa praia ou dentro dos muros de concreto de uma prisão, a verdadeira liberdade vem de percebermos como a verdadeira natureza das nossas mentes é como um campo vazio. As sementes que plantamos, e que alimentamos e cultivamos constantemente, é que em última análise nos darão a sensação de estarmos em casa em nosso coração, não importa onde estejamos.

Isso tem sido muito verdadeiro para mim. Quando me perguntam como consegui encontrar a liberdade por detrás dos muros de San Quentin, ainda me questiono: será que as pessoas querem saber se eu quero mesmo sair da prisão? Essa pergunta me encoraja. É um sinal claro de que a minha prática permitiu que eu manifestasse uma sensação de paz e de liberdade. Essa pergunta é uma lembrança de que a verdadeira liberdade não é fácil de encontrar tanto fora da prisão quanto dentro dela. Esse fato me ajuda. Toda vez que medito, sei que outras pessoas em sangas pelo mundo afora estão ao meu lado.

EPÍLOGO

Comecei a escrever histórias sobre a minha vida para poder examiná-la e entendê-la melhor. Minha escrita e minha prática espiritual se tornaram inseparáveis.

É quase inimaginável pensar em como eu seria se não tivesse o darma, meu mestre, Chagdud Tulku Rinpoche, e o amor e o carinho dos meus amigos. Eles me ajudaram a transformar uma situação tão ruim quanto a minha numa oportunidade de fazer o bem a alguém, se não a mim mesmo, então às crianças nas escolas e a seus professores e orientadores, que me escrevem para dizer que estou fazendo a diferença, que meus textos e meu exemplo são uma inspiração. Espero poder continuar, porque isso me permite transcender as minhas circunstâncias atuais e transformar tudo à minha volta em algo quase radiante, preenchido pela oportunidade de fazer a diferença em minha própria vida e no mundo.

A liberdade de ser eu mesmo e de me expressar é o que há de mais importante para mim. Significa acordar todas as manhãs, satisfeito com o darma em minha vida, com as minhas preces para fazer o bem ao próximo e com a minha escrita, que dá voz ao meu valor humano. Eu desejo apenas viver dia após dia o mais próximo que conseguir de todas as minhas aspirações e da minha liberdade.

Quero deixar meus escritos como um legado para depois que eu tiver partido e a pergunta sobre quem eu era surgir na mente das pessoas. Se eu for executado, alguns vão acreditar que mereci. Mas aqueles que quiserem tentar entender vão ver, por meio da minha escrita, um ser humano que cometeu erros. Talvez minhas palavras, pelo menos, os ajudem a me ver como alguém que sentiu, amou e se importou, alguém que quis descobrir por conta própria quem era. Quem sabe até mostrarão a essas pessoas que elas poderiam facilmente estar no meu lugar.

POSFÁCIO

H.E. Chagdud Tulku Rinpoche*

Todos vivemos numa prisão chamada *samsara*, a existência cíclica, e nenhum de nós está livre do sofrimento. Além da aflição vivenciada durante o nascimento, a velhice, as doenças e a morte, nós experimentamos situações de angústia, prisão, guerra, fome, abuso, luto e profunda frustração das nossas necessidades e desejos não atendidos. Para encontrar a liberdade, primeiro precisamos reconhecer a fonte da nossa dor.

Não se consegue nada culpando Deus, nossos pais, a polícia ou inimigos externos. A fonte do sofrimento é o carma que amadurece das sementes que plantamos num passado há muito esquecido, incluindo vidas passadas. As atitudes que tomamos com base nas virtudes – bondade, compaixão e amor – são a causa da felicidade que vivenciamos hoje. E vice-versa: o sofrimento e as condições negativas que vivenciamos são resultado do egoísmo, da raiva e da ignorância em relação àquilo que devemos aceitar e àquilo que devemos rejeitar. Poucas pessoas podem se fiar em seu carma passado. Pessoas belas, dinâmicas e ricas podem vivenciar reveses drásticos

---

* H.E. Chagdud Tulku Rinpoche foi um mestre de meditação budista tibetana e autor de três livros: *Portões da prática budista*, *O senhor da dança* e *Vida e morte no budismo tibetano*.

em seu destino, incluindo ataques violentos, acidentes, doenças e outras causas de desgraça. "Que tragédia inacreditável!", exclamamos, sem nos dar conta de que se trata de uma manifestação inevitável de um carma não reconhecido e não purificado.

Reconhecer o nosso próprio carma como causa das nossas experiências nos dá o poder de purificá-lo e transformar o nosso futuro. Compreender que não somos únicos em nosso sofrimento, buscar uma maneira de diminuir o sofrimento para nós mesmos e para os outros faz nascer a compaixão verdadeira, que vai além da simples pena. Neste livro, Jarvis Masters demonstra que deu esses passos e começou a percorrer o caminho que leva à liberdade. Contra todas as expectativas, ele assumiu o compromisso de se abster de reações cruéis e ações prejudiciais. Encontrou a bondade original de sua própria e verdadeira natureza e ampliou os seus esforços para ajudar o próximo. Por fim, a compaixão e a vontade de fazer o bem devem ser imparciais e incluir tanto as vítimas quanto os agressores. Ao fazer uma contemplação profunda, podemos desenvolver até mais compaixão pelo agressor, porque, ao passo que o momento de sofrimento purifica o carma da vítima, no mesmo momento o agressor está criando as causas que darão origem a ciclo após ciclo de sofrimentos terríveis no futuro.

Não precisamos esperar passivamente até que nosso carma não virtuoso recrudesça em circunstâncias infelizes antes de purificá-lo. Podemos invocar como nossas testemunhas presenças iluminadas (Deus, Jesus, Buda) ou quem quer que reconheçamos como a personificação da compaixão, da onisciência e do poder supremo. Reconhecemos as ações negativas de nosso corpo, nossas palavras e nossa mente; ações das quais nos lembramos ou não, ações nesta vida e em vidas anteriores. Certamente ainda resta alguma negatividade ou seríamos agora seres de sabedoria iluminada, desprovidos de raiva e de desejos egoístas. Assumimos então o compromisso de não repetir essas ações e visualizamos que, de nossa testemunha espiritual, uma luz radiante ou um néctar surge, permeando e purificando nosso carma não virtuoso.

Posfácio 187

Quando os atos nocivos do passado já resultaram em situações difíceis, ainda assim podemos usar essa meditação para purificá-los. E se, durante um período doloroso, conseguirmos transcender o foco em nós mesmos nem que seja por um instante com o pensamento: "Que meu sofrimento possa poupar outras pessoas de ter que vivenciar isso", o poder da nossa compaixão vai purificar grandes quantidades de carma negativo e o poder do nosso bom coração vai garantir circunstâncias mais agradáveis no futuro.

Que essa felicidade possa brotar para Jarvis e para todos os que lerem este livro. Por fim, que todos os seres se libertem dos ciclos intermináveis de ilusão cármica e encontrem a libertação num estado de iluminação.

AGRADECIMENTOS

Meus correspondentes foram meus companheiros, ouvintes silenciosos por meio dos quais pude ouvir a mim mesmo, ver a melhor parte de mim refletida e aprender mais sobre mim e sobre o mundo ao meu redor. A correspondência com eles também me ajudou a enfrentar tempos difíceis. Gostaria de agradecer a todos, mas em especial a Jim Cronin, Sarah Jane Freyman, Donna Gans, Pam Gerwe, Jane Hamilton, Kelly Hayden, Lisa Leghorn, Sarah Paris, Karen Poverny, Will Shonbrun, Diane Solomon e Lynn Weinberger.

Este livro foi fruto de um processo de autodescoberta que compartilhei com Melody Ermachild Chavis, que acreditou em mim e me deu apoio e incentivo em relação a meu caso, minha vida e meus textos, sem os quais eu não teria me tornado quem sou hoje. Ela me guiou pelos muitos passos que me levaram da raiva intensa que me consumia até a clareza da minha prática budista. Ela criou uma ponte com o mundo do lado de fora, trazendo pessoas para a minha vida e dando asas à minha voz.

Há muitas pessoas a quem quero agradecer pela amizade sincera e duradoura e pelo bom humor. Elas me amaram apesar de toda a raiva que eu sentia e sempre me consideraram parte de sua família, em especial minha amada irmã Carlette, Betsy Doubobsky, Melody Ermachild Chavis, Donna Gans, Kelly Hayden, Hershey Johnson e Conny Lindley. Tenho uma dívida sobretudo com Lisa Leghorn, que trabalhou diligentemente comigo na criação deste livro. Ela me ajudou a ver seus benefícios e me encorajou, não apenas com sua fé em mim, mas com sua insistência impertinente, teimosa, amorosa e determinada, me dizendo para "escrever, escrever, escrever". Ela é uma pessoa cujo amor colocou a imagem radiante de Tara em meu coração. Em minha vida, elas são iguais.

Gostaria de oferecer um agradecimento especial a Susan Moon, da *Turning Wheel*, por publicar meus primeiros textos; a Linda Baer, Michael Bradfute, Mary Racine e Anna Smith, da Padma Publishing, pela ajuda na edição e na produção dos textos; a Robert Racine, da Padma Publishing, e a Kim McLaughlin, da Chagdud Gonpa, pelo apoio que deram a este projeto; a Anna Smith e a todas as outras pessoas que digitaram e transcreveram meus textos, sem as quais este livro não poderia ter sido produzido de dentro dos muros de San Quentin; e a Sarah Jane Freymann, por seu amor, seu cuidado, sua determinação e sua convicção como minha agente e por me guiar durante a publicação deste livro.

Por fim, sem meu precioso mestre, Chagdud Tulku Rinpoche, eu não teria minha fé no caminho budista nem conheceria o verdadeiro propósito destas palavras: fazer o bem ao próximo.

SOBRE O AUTOR

Jarvis Jay Masters nasceu em Long Beach, na Califórnia, em 1962. É autor de vários livros publicados em muitos países. Seu poema "Receita de aguardente da prisão", que integra este livro, venceu o prêmio PEN de 1992.

Por mais de duas décadas, Jarvis mantém uma correspondência ativa com muitos professores e estudantes norte-americanos. Seus livros são lidos e estudados em salas de aula, tanto em colégios como em universidades. Em colaboração com os Truthworkers, uma companhia de teatro hip-hop para jovens no Brooklyn, em Nova York, que aborda em suas performances questões de justiça social, seus livros foram adaptados e encenados em vários espaços públicos como na Catedral Nacional, em Washington, e no Lincoln Center for Perfoming Arts.

Desde que fez os votos em 1991 com o lama Chagdud Tulku Rinpoche, ele vem sendo orientado pela venerável Pema Chödrön, com quem mantém uma duradoura amizade. Em 2020, foi o tema de uma série de podcasts chamada "Dear Governor" e de uma biografia escrita pelo jornalista David Sheff.

Preso por assalto à mão armada em 1981, Jarvis foi acusado injustamente de conspiração para assassinar um agente penitenciário em 1985 e

Sobre o autor 191

condenado à morte em 1990. Ficou em confinamento solitário por mais de 21 anos, de 1985 a 2007. Desde 2015, as Nações Unidas consideram o confinamento em solitária por mais de quinze dias uma forma de tortura.

Jarvis pode receber e vai tentar responder a todas as cartas enviadas para o endereço abaixo. De acordo com os regulamentos da prisão, qualquer outro tipo de material enviado será descartado ou doado.

Jarvis Masters
P.O. Box C-35169
San Quentin, CA 94974

Visite o site www.freejarvis.org (em inglês) caso queira acompanhar a situação legal de Jarvis e encontrar outras formas de ajudar.

Em www.leya.com.br você tem acesso a novidades e conteúdo exclusivo. Visite o site e faça seu cadastro!

A LeYa também está presente em:

 facebook.com/leyabrasil

 @leyabrasil

 instagram.com/editoraleya

 LeYa Brasil

Este livro foi composto em Dante MT Std, 11/15 pt, para a editora LeYa.